职业教育·汽车类专业教材

汽车车身涂装技术

第2版

林旭翔　张玉环 ◎ 主　　编

胡亦玮　沈维晨　廖仲卿 ◎ 副 主 编

人民交通出版社

北　京

内 容 提 要

本书是职业教育汽车类专业教材之一。其主要内容包括涂装前处理、原子灰刮涂与整平、中涂漆喷涂与打磨、面漆喷涂、漆面质检与抛光、面漆调色、汽车漆面驳口修补。

本书可作为职业院校汽车车身修复专业教材,也可供相关技术人员参考使用。

本书配套数字资源,读者可免费扫码观看和在线学习;同时配有教学课件,教师可通过加入汽车中职教学研讨群(QQ:111799784)获取。

图书在版编目(CIP)数据

汽车车身涂装技术/林旭翔,张玉环主编. —2 版. —北京:
人民交通出版社股份有限公司,2025.5. —ISBN 978-7-
114-20163-9

Ⅰ. U472.44

中国国家版本馆 CIP 数据核字第 2025Q4K855 号

Qiche Cheshen Tuzhuang Jishu

书　　　名:	汽车车身涂装技术(第2版)
著 作 者:	林旭翔　张玉环
责任编辑:	郭　跃
责任校对:	卢　弦　武　琳
责任印制:	张　凯
出版发行:	人民交通出版社
地　　　址:	(100011)北京市朝阳区安定门外外馆斜街 3 号
网　　　址:	http://www.ccpcl.com.cn
销售电话:	(010)85285911
总 经 销:	人民交通出版社发行部
经　　　销:	各地新华书店
印　　　刷:	北京市密东印刷有限公司
开　　　本:	880×1230　1/16
印　　　张:	9.75
字　　　数:	225 千
版　　　次:	2016 年 12 月　第 1 版
	2025 年 5 月　第 2 版
印　　　次:	2025 年 5 月　第 2 版　第 1 次印刷　总计第 4 次印刷
书　　　号:	ISBN 978-7-114-20163-9
定　　　价:	40.00 元

PREFACE

第 2 版 前言

在职业教育改革发展的浪潮中,《国家职业教育改革实施方案》与《关于推动现代职业教育高质量发展的意见》等政策文件犹如灯塔,为职业教育指明了前行方向。这些政策着重强调,职业教育需聚焦立德树人,深化产教融合、校企合作,全方位增强适应性,全力构建现代化职业教育体系,致力于培育高素质技术技能人才,为国家发展提供坚实的人才与技能支撑。在此大背景下,车身涂装作为汽车维修领域的关键环节,正经历着从传统工艺向智能化、绿色化的转型过程,对从业者的知识储备、实践技能与创新能力提出了更高要求。

本教材系统性地向汽车车身修复专业的学生及汽车维修行业人员传授车身涂装领域的完整知识体系与核心技术技能。其内容涵盖了车身涂装维修作业的全部操作流程,整体结构条理清晰,语言表述简洁明了,易于理解。通过维修实践案例,结合图表等直观展示手段,深入剖析涂装过程中的关键环节与操作细节,旨在有效提升学习者的掌握程度与实际操作能力。

本书由杭州技师学院林旭翔、张玉环担任主编;由杭州技师学院胡亦玮、沈维晨,广州市交通技师学院廖仲卿担任副主编。任务一涂装前处理由杭州技师学院杨金龙、张玉环编写;任务二原子灰刮涂与整平由宁波市奉化区职业教育中心学校叶诚昕、广州市交通技师学院廖仲卿编写;任务三中涂漆喷涂与打磨由杭州技师学院朱世闻、浙江之信汽车有限公司连清彪编写;任务四面漆喷涂由慈溪市锦堂高级职业中学田伟、江晓天编写;任务五漆面质检与抛光由杭州技师学院胡亦玮、浙江凌志汽车销售服务有限公司陈郁涛编写;任务六面漆调色由贵州交通技师学院王庆、杭州技师学院梁思龙编写;任务七汽车漆面驳口修补由杭州技师学院林旭翔、沈维晨编写。

由于编者水平有限,书中若有疏漏与不足之处,敬请读者提出宝贵意见和建议。

编 者

2025 年 1 月

CONTENTS

目录

涂装前处理

汽车涂装前处理是指在车身涂装修复前，对其底材表面进行除油、打磨、防腐等一系列的处理过程。为了达到专业的维修水平，避免涂装后漆膜出现诸如锈蚀、剥落等缺陷，确保漆膜具有长期使用寿命，流程规范、工艺标准的涂装前处理作业是保证维修质量的关键步骤。

本任务主要介绍评估损伤、研磨羽状边、施涂底漆等内容。通过对本任务相关知识的学习及技能训练，学生应掌握镀锌钢板、铝合金、塑料等底材的处理方法。

学习目标

（1）知道损伤评估的方法和评估的项目，能准确判断损伤情况、底材和漆膜类型，按标准流程完成损伤评估任务。

（2）理解羽状边研磨的方法和质量要求，能选用合适的打磨机和砂纸，按照标准工艺完成羽状边的研磨。

（3）知道底漆的类型和作用，掌握底漆调配、施涂的方法和注意事项。

（4）工作过程中，能严格执行涂装车间规章制度，自觉佩戴防护用品，具有职业健康意识。

情景导入

某车辆在倒车入库过程中与停在一旁的车辆发生剐蹭，导致右前翼子板破损严重需更换新件，但由于新翼子板在运输途中保护不当，造成轻微受损，如图1-1所示。现需要评估右前翼子板的损伤，确认损伤的位置、大小等情况，并完成羽状边研磨和底漆施工。

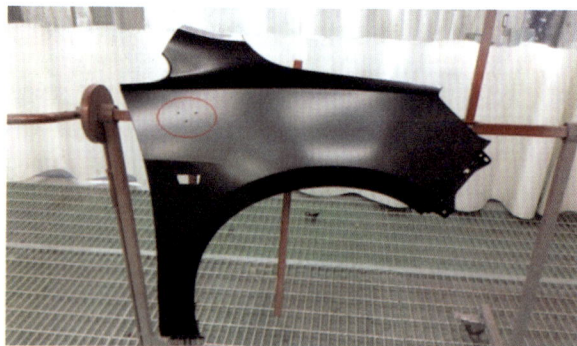

↑图1-1　受损的翼子板

任务描述

汽车车身涂装修复工从班组长处领取车辆维修工单，明确汽车涂装前处理任务，查阅涂料产品手册及相关设备的使用说明书，梳理汽车涂装前处理作业流程与规范，按要求做好施工前的准备与检查工作，根据作业流程完成除油、打磨、防腐等工序。涂装前处理作业完成后进行自检，确认合格后交付班组长复检。

相关知识

1. 除油

1)除油剂的类型

除油剂也称清洁剂,用于清洁待喷涂板件表面的灰尘、油脂、蜡等污物以及表面盐分和塑料件表面残留的脱模剂等。不同除油剂产品的适用范围不同,应按产品手册要求规范选用,按环境气温的高低选用除油剂见表1-1。

按环境气温的高低选用除油剂

（以 PPG 产品为例） 表1-1

除油剂	适用环境	挥发速度
P850—14	低气温或板块修补	快
P850—1402	高气温	慢

2)常用的除油方法

在维修前必须清除油污,常用的除油方法见表1-2。

常用的除油方法 表1-2

除油方法	操作要点
喷洒法	利用耐溶剂的喷壶将除油剂均匀的洒满工件表面,使油污溶解,并在除油剂未自行挥发干燥前用清洁布将其擦干,如图1-2所示
一湿一干法	采用两块清洁布,一块清洁布用除油剂润湿后在工件上擦拭一道,另一块清洁布将留在工件上的除油剂擦干,以此方法完成整个工件的除油处理,如图1-3所示

操作提示

喷洒或擦拭除油剂的目的是使工件表面的油污被除油剂溶解并浮于工件表面,使其容易被擦拭去除。除油剂过少或挥发过快就起不到溶解油污的作用;除油剂使用过多则造成浪费,增加成本。

↑图1-2 喷洒法

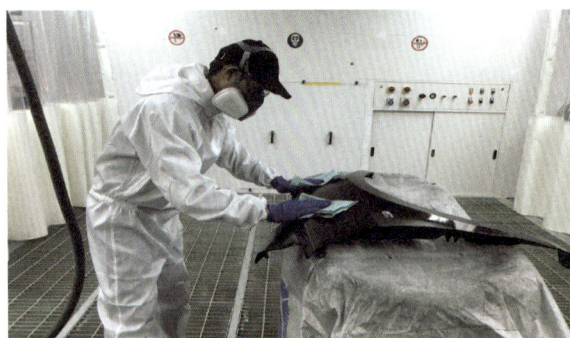

↑图1-3 一湿一干法

2. 损伤评估的方法

正确的损伤评估能准确了解车身受损的部位、程度和范围,为后续的工作提供明确的指导,以确保修复工作顺利开展,保障客户权益。损伤评估的具体方法,见表1-3。

损伤评估方法 表1-3

损伤评估方法	操作要点
目测法	在光线充足的条件下迎光观察板件,通过倒影或反光情况来确认损伤的面积和深度的方法
手触法	将整个手掌贴于工件,从不同的方向轻轻触摸整个损伤区域,以手触感来确认损伤的面积和深度的方法。佩戴棉纱手套触感更明显
尺量法	将卡尺贴于损伤区域,通过观察卡尺与板件的间隙来确认损伤的面积和深度的方法。操作时应使用专用(符合板件外形)的卡尺进行测量,否则测量误差较大,易导致评估失误

3. 面漆类型的辨别方法

汽车面漆的类型对维修工作会产生一定的影响，不同的面漆在维修时所需的材料和工艺有所差异，在进行汽车维修时，了解车辆的面漆类型是非常重要的。常用的面漆类型的辨别方法，见表1-4。

面漆类型辨别方法　　　　　　表1-4

判断方式	面漆类型	判断依据
抛光法	单工序面漆	抛光盘上残留面漆颜色
	多工序面漆	抛光盘上未残留面漆颜色
溶剂擦拭法	单组分面漆	蘸有溶剂的擦拭布上残留面漆颜色
	双组分面漆	蘸有溶剂的擦拭布上未残留面漆颜色
观察法	素色面漆	仅有单一的颜色
	银粉漆	不仅有相应的颜色，还有闪烁的金属颗粒
	珍珠漆	具有珍珠般的光晕或正、侧面颜色不同

4. 车身涂装常见底材的辨别方法

不同的底材材质，如金属、塑料等，都具有不同的物理和化学性质，如果前处理不当，会直接影响涂料的附着性。为了确保涂装质量，需要正确区分底材，并选择适合的涂料和工艺。

1）金属底材

车身常用的金属底材有镀锌钢板和铝合金两类，可通过颜色、重量、磁性和运用专业工具检测等方法进行识别，具体识别方法见表1-5。

金属底材的识别方法　表1-5

	识别方法
颜色识别	可通过打磨后静置一定时间，铝合金会快速氧化并呈现银灰色，镀锌钢板氧化速度慢，呈现亮银色
重量识别	可用手触摸，铝合金感觉比较轻，镀锌钢板材质更加沉重
磁性识别	可以通过磁性物质（如磁铁）区分镀锌钢板和铝合金

续上表

	识别方法
敲击识别	可以通过用手指轻轻敲击板件，辨识敲击后板件声音进行识别。镀锌钢板敲击时会发出相对低沉且浑厚的声音；铝合金敲击时声音更清脆、明亮，音调较高

2）塑料底材

车身塑料件分类方法也非常多，但是在车身涂装修复中，一般根据塑料件受热是否软化，把塑料件分为热固型塑料与热塑型塑料两大类。

热塑型塑料，即加热时软化，冷却时固化的塑料；热固型塑料，即加热时不软化，也不能溶解的一种塑料。汽车上大量采用热塑型材料，尤其是在汽车前后保险杠中应用最为典型。

5. 前处理施工工具及使用方法

1）打磨机

打磨机是干磨设备的重要组成部分，是研磨旧漆、原子灰等工作的主要工具。根据运动方式不同，打磨机可分为单作用式、双作用式和轨道式三种类型。不同的运动方式,用途不同,研磨效果也不一样,具体见表1-6。

不同打磨机的特点 表 1-6

类型	特点	运动轨迹
单作用	切削力强,效率高,打磨时容易留下较重的打磨痕迹,多用于钣金作业中	单向旋转,如图所示
双作用	常用的偏心距有 3mm、5mm、7mm。偏心距越大,切削力越强,研磨效率越高,研磨出的痕迹越粗糙;反之,研磨出的痕迹越细腻	旋转运动及偏心振动,如图所示
轨道式	常见的振动幅度有 4mm、5mm 两种,多用于大面积原子灰粗、中级研磨,不适合中涂漆的细研磨	往复运动及偏心振动,如图所示

2)砂纸

砂纸通常是由磨料、底胶、面胶、背材等组成,如图1-4所示。

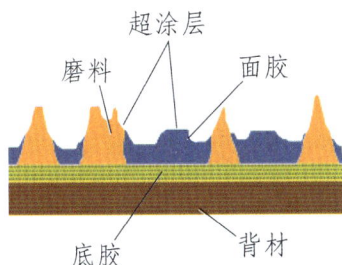

↑图1-4 砂纸的组成

(1)磨料:分为天然与合成(人造)磨料,提供硬度、尖锐性和韧性。

(2)底胶:磨料与背材的黏胶。

(3)面胶:磨料间的黏胶。

(4)背材:研磨材料(砂粒)的承载体,通常为纸、布、纤维、薄膜、复合体。

(5)超涂层:在研磨介质表面的一种特殊涂层,按作用来分有防堵塞涂层和冷切削涂层等,这是高等级干磨砂纸特有的一种技术。

在研磨时要根据不同的研磨工序选择合适的砂纸,砂纸的选择原则如下:

(1)根据打磨规则从粗到细,以相差不超过100号的砂纸循序渐进。

(2)根据涂料的填充力选择砂纸,应保证砂纸痕可以被该涂料填充或遮盖。

(3)中涂漆前处理的砂纸选择一般是P80～P320号;面漆前处理的砂纸选择一般是P400～P600号;面漆缺陷处理的砂纸一般为P800～P3000号。

3）打磨机与砂纸的应用

整个涂装过程会涉及多道打磨工序，不同的工序对打磨工具和砂纸都有不同的要求，具体见表1-7。

不同的研磨工序选用打磨机及配套砂纸　　　　表1-7

研磨工具	研磨工序				
	清除旧涂层	研磨羽状边	研磨小面积原子灰	研磨大面积原子灰	研磨中涂漆
7号、5号打磨机	P80	P120	P80、P120、P180	—	—
3号打磨机	—	—	—	—	P400、P500、P600
手刨	—	—	P80、P120、P180	P80、P120、P180	—
轨迹式	—	—	—	P80、P120、P180	—

6. 羽状边打磨

羽状边是指底材与原涂层的接口处形成像羽毛的边缘那样极其平顺过渡的斜面，如图1-5所示。

⬆图1-5　羽状边图

羽状边研磨时打磨机与板件角度应控制在5°～10°左右，并沿着裸金属的边缘做"画圆"式打磨，如图1-6所示。

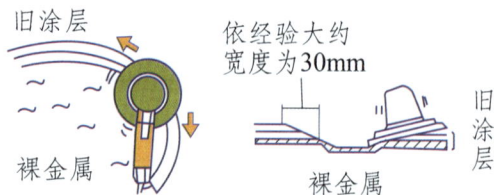

⬆图1-6　羽状边的研磨方法

研磨后，羽状边的形状要规则（以圆或者椭圆为宜，切不可将边缘磨成锯齿状），便于原子灰施工。用手触法检查羽状边平顺度，如果仍有台阶存在，则需要继续研磨。一般而言，对于未曾修补过的涂层，羽状边的宽度研磨至3cm左右为宜；对于已经修补过多次的涂层，每层至少研磨5mm左右的宽度，如图1-7所示。

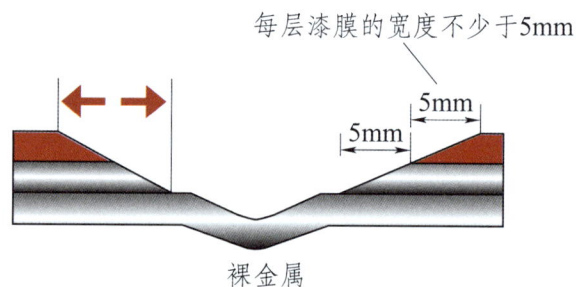

⬆图1-7　羽状边宽度的要求

7. 底漆

底漆是直接施涂在底材表面的第一道涂料，是整个涂层的基础。不同的底材需施涂不同的底漆才能提供良好的附着力。车身涂装修复中常用的底漆及其特点，见表1-8。

常用的底漆及其特点　　　　表1-8

名称	用途	特点	施工方法
环氧底漆	镀锌钢板、铝合金表面	一般为双组分类型，漆膜坚硬耐久，具有良好的防锈性能、附着力、填充性和耐溶剂性，但干燥较慢	以喷涂为主，也可刷涂或浸涂

名称	用途	特点	施工方法
塑料底漆	ABS、PC、AS 等塑料表面	一般为单组分类型,具有良好的柔韧性,能很好的附着在塑料底材表面	以喷涂为主,一般喷涂薄层即可

📖 任务准备

1. 班组分工

□组长　　□安全员　　□操作员　　□质检员　　其他_____

2. 检查场地

□施工区域通风　　□施工区域光线充足　　□气源正常　　□电源正常
□工位场地面积_____　　现场人数_____　　工位数_____

3. 设备工具

□耐溶剂喷壶　　□洗眼器　　□紧急喷淋装置　　□7 号打磨机
□吹尘枪　　其他_____

4. 安全防护

□工作服　　□工作鞋　　□棉纱手套　　□耐溶剂手套
□防溶剂面具　　□防尘口罩　　□护目镜　　□耳塞
其他_____

5. 产品耗材

□遮蔽胶带　　□水性记号笔　　□清洁剂　　□溶剂(香蕉水)
□清洁布　　□P80 干磨砂纸　　□P120 干磨砂纸　　□P180 干磨砂纸
□P240 干磨砂纸　　其他_____

📋 任务实施

涂装前处理

以镀锌钢板底材的涂装前处理为例(参考视频请扫描二维码)

步骤一 环车检查

绕车环视一周,确认需要修补的损伤部位,对照工单检查有无其他损伤之处,记录和汇报新发现的受损情况。

汽车维修工单

接车日期：　　　　年　　月　　日　　　　　　　　　　　　　　　　　　No.

车主		电话		车牌号码		车主等待：□ 是　□ 否
型号		里程		底盘号		洗车：□ 是　□ 否
客户报修 内容陈述						旧件是否保留 □ 是　□ 否

车况检查

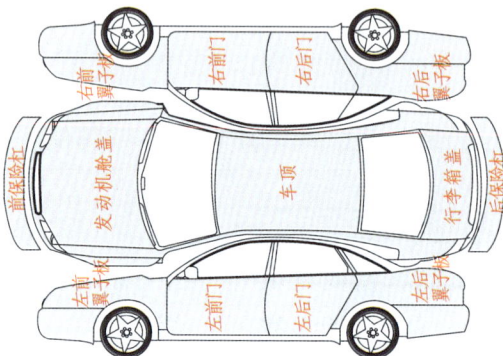

维修顾问 故障确认 及维修建议		序号	维修及增修项目	材料费	工时费	确认栏
		1				
		2				
		3				
		4				

维修工位		主修人		合计	¥	收款员		接待员	
机电			完工时间：						
钣金			完工时间：						
涂装			完工时间：						
质检人签字：									
客户签字：									

车辆是否清洁干净：　　　　　　　　　　　　　　　　　　　　□ 是　　　□ 否

车内是否安装三件套：　　　　　　　　　　　　　　　　　　　□ 是　　　□ 否

是否做车辆外检：　　　　　　　　　　　　　　　　　　　　　□ 是　　　□ 否

是否让车主签字确认：　　　　　　　　　　　　　　　　　　　□ 是　　　□ 否

是否登记保险到期日期：　　　　　　　　　　　　　　　　　　□ 是　　　□ 否

工单内容是否查看：　　　　　　　　　　　　　　　　　　　　□ 是　　　□ 否

客户是否签字确认：　　　　　　　　　　　　　　　　　　　　□ 是　　　□ 否

交车时间是否填写：　　　　　　　　　　　　　　　　　　　　□ 是　　　□ 否

钥匙是否妥善保存：　　　　　　　　　　　　　　　　　　　　□ 是　　　□ 否

是否有新增维修项：　　　　　　　　　　　　　　　　　　　　□ 是　　　□ 否

步骤二　清洁、除油

1.去除表面浮尘

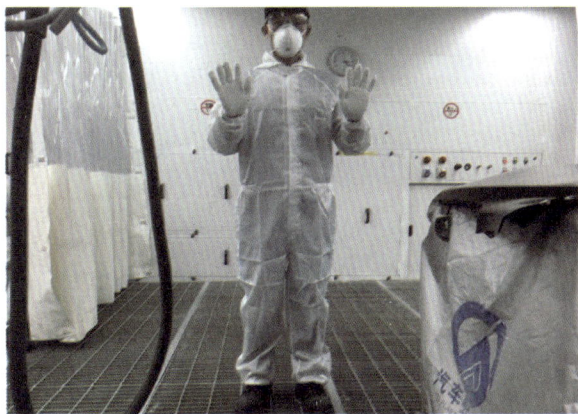

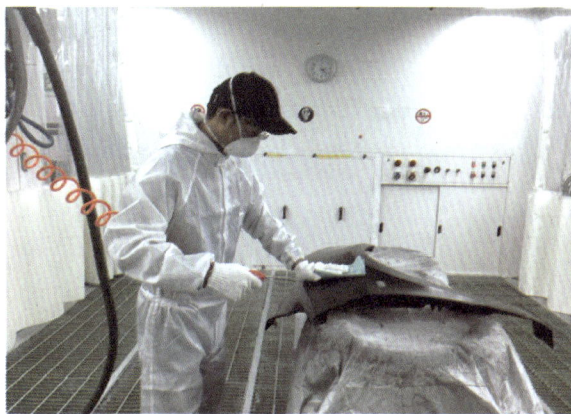

操作提示

(1)操作人员在进入涂装车间后,首先应该穿戴好工作服、安全鞋、护目镜(这3种防护用品在任何涂装工序中都必须穿戴)。

(2)有粉尘产生的工序中需要穿戴防尘口罩(注意按压防尘口罩上的金属薄片,防止灰尘进入鼻腔)、棉纱手套。

(3)除尘时可单独使用吹尘枪对翼子板进行除尘处理;也可用清洁布配合吹尘枪,一边吹一边抹,将灰尘清理干净。

(4)若工件表面灰尘过多时,直接使用吹尘枪吹尘容易污染环境,可先用清洁布进行擦拭,去除大量灰尘后再进行吹尘处理。

(5)吹尘枪喷射出的气流压力过大,不可将其对准人喷射气流,以免造成人员受伤。

2.更换防毒面具、耐溶剂手套,采用油性除油剂进行除油处理

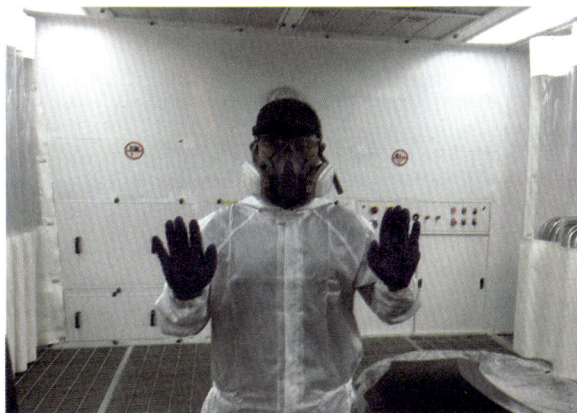

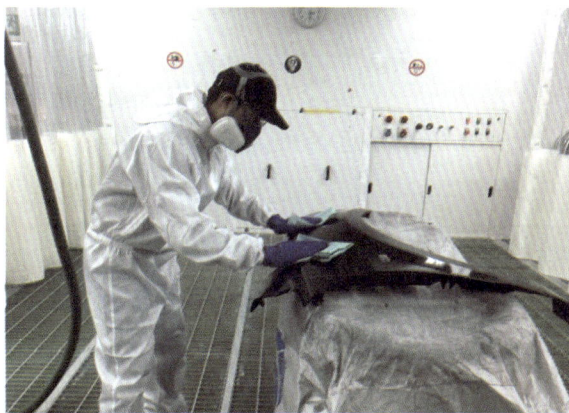

操作提示

(1)擦拭时应先大面,后边缘、角落,注意不得来回擦拭,避免造成二次污染。

(2)每次除油的面积与除油剂的挥发速度、环境、温度有关,以擦拭前除油剂没有自行挥

发干燥为准。

步骤三　评估损伤

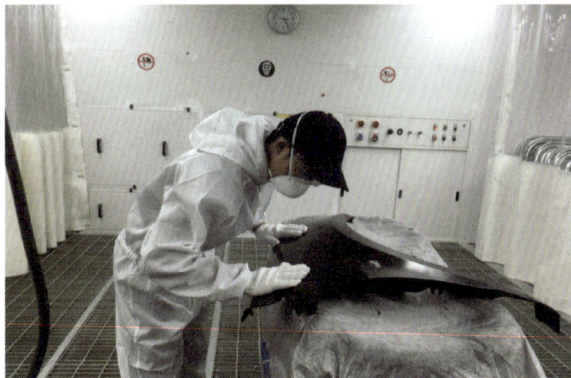

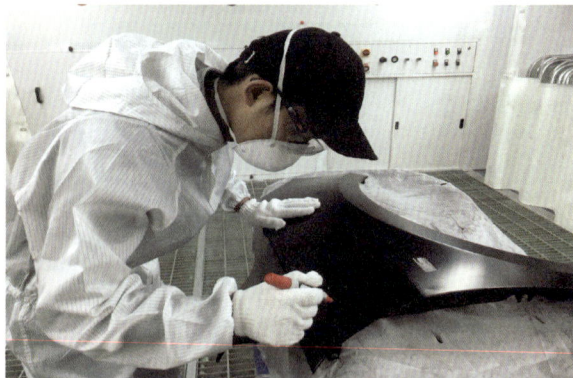

评估项目：

待评估板件类型：＿＿＿＿＿＿＿＿　　待评估板件材质：＿＿＿＿＿＿＿＿

损伤部位：＿＿＿＿＿＿＿＿＿　　损伤面积：＿＿＿＿＿ × ＿＿＿＿＿

板件是否变形：　□是　　　□否　　是否经过钣金修复：　□是　　□否

钣金修复后是否残留旧涂层（拉拔点、氧化层）：□是　　□否

其他＿＿＿＿＿＿＿＿＿＿＿＿＿＿＿＿＿

原涂层是否开裂：　□是　　□否　　其他＿＿＿＿＿＿＿＿＿＿

原涂层油漆类型：□单工序　□双工序　□三工序　其他＿＿＿＿＿

　　　　　　　判断依据＿＿＿＿＿＿＿＿＿＿＿＿＿＿＿＿＿＿

　　　　　　　□素色漆　□银粉漆　□珍珠漆　其他＿＿＿＿＿

　　　　　　　判断依据＿＿＿＿＿＿＿＿＿＿＿＿＿＿＿＿＿＿

　　　　　　　□单组分　□双组分　其他＿＿＿＿＿＿＿＿＿

　　　　　　　判断依据＿＿＿＿＿＿＿＿＿＿＿＿＿＿＿＿＿＿

步骤四　研磨羽状边

1.清除损伤区的旧涂层

（1）更换防尘口罩、棉纱手套，选用 5 号或 7 号打磨机。

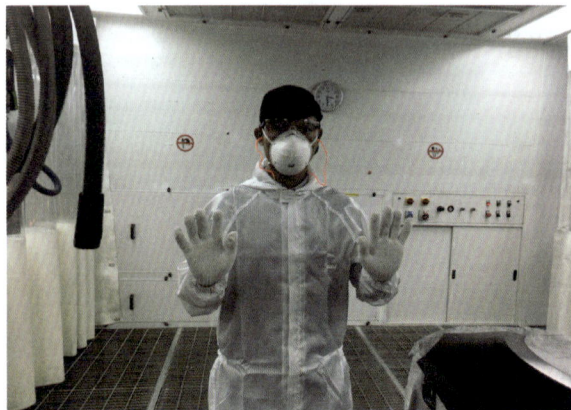

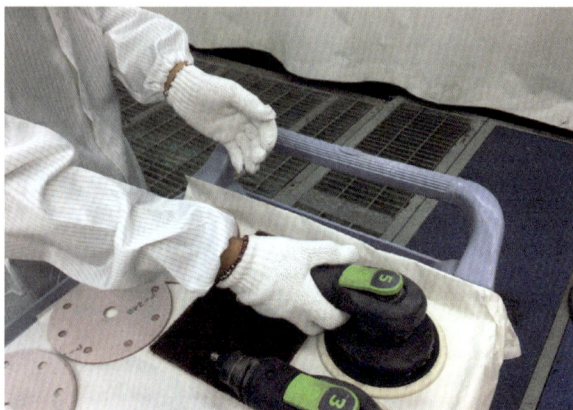

（2）选择 P80 号砂纸,配合 5 或 7 号打磨机,并连接研磨设备。

 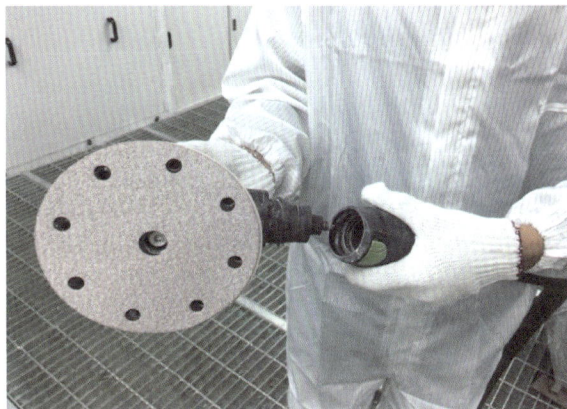

🔵 **操作提示**

（1）工件表面经过喷漆修补或者工件材质为镀锌钢板时选用 P80 号的砂纸。

（2）工件表面为完整的原厂漆层或者工件材质为铝合金时选用 P120 号砂纸。

（3）工件表面只有电泳底漆或者工件材质为塑料时选用 P150 号砂纸。

（3）调整打磨机转速,拉开吸尘开关。

 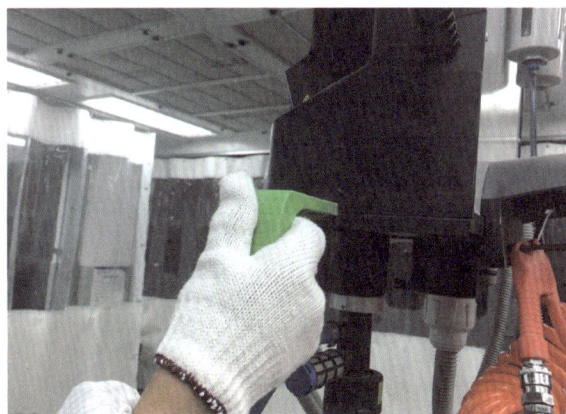

检查项目:

打磨机选择:□3 号　　□5 号　　□7 号　　其他_____

打磨盘是否破损、老化:□是　　□否　　措施_____

导气铜管是否正常:　　□是　　□否　　措施_____

"O"形圈是否丢失:　　□是　　□否　　措施_____

打磨机运转是否正常:□是　　□否　　原因_____

吸尘效果检查:　　　□良好　□不良　原因_____

打磨机转速是否可调:□是　　□否　　原因_____

（4）清除旧涂层。

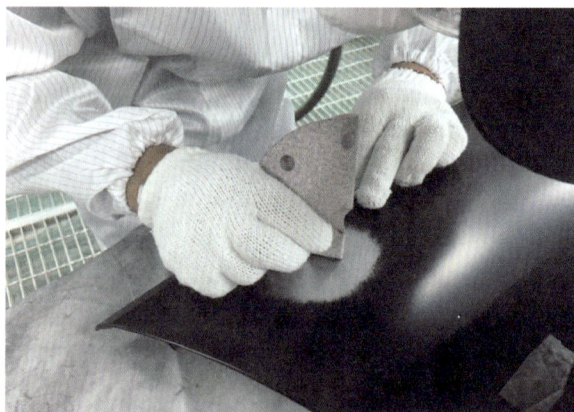

操作提示

（1）打磨时，打磨机与板件的角度控制在5°~10°，不要用力压打磨机。

（2）打磨机应先在工件表面放平后再启动。

（3）打磨机无法磨到的部位，如凹坑内的旧涂层，须手工清除。

（4）采用手工打磨时，可先用油灰刀铲除部分旧涂层，再将砂纸折叠后进行打磨。（用油灰刀铲除旧漆时用力不得过大，避免划伤工件及周围的涂层。）

2. 更换P120号砂纸，研磨羽状边

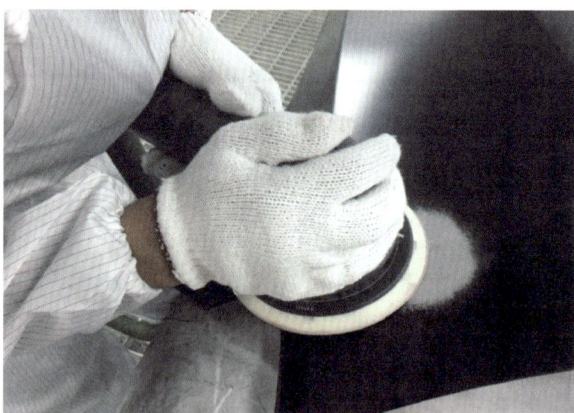

操作提示

（1）一般要求坡口宽度不小于3cm。如果是曾经维修过的涂层，则每个涂层的宽度不小于5mm。用手触摸坡口，应没有明显的台阶和陡坡的感觉。

（2）干磨砂纸的选用应根据后续涂层来决定。对于需要刮涂原子灰的坡面，选用P120干磨砂纸配合5号（或7号）打磨机研磨；对于直接喷涂底漆的坡面则应该选用P180~P240砂纸配合研磨机研磨。

（3）打磨机不可在同一处长时间停留，以免旧涂层被磨穿或形成新的凹陷。

检查项目：

砂纸型号选用是否正确：	□是	□否
羽状边打磨形状是否规则：	□是	□否
羽状边坡口宽度是否合适：	□是	□否
羽状边是否有明显台阶：	□是	□否

其他项目：_____

3.研磨羽状边磨毛区

（1）更换 P180 号砂纸，研磨羽状边磨毛区。

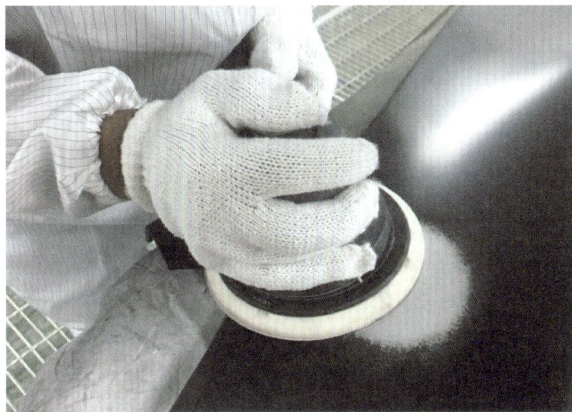

（2）检查磨毛区，对研磨不足的区域用红色百洁布研磨。

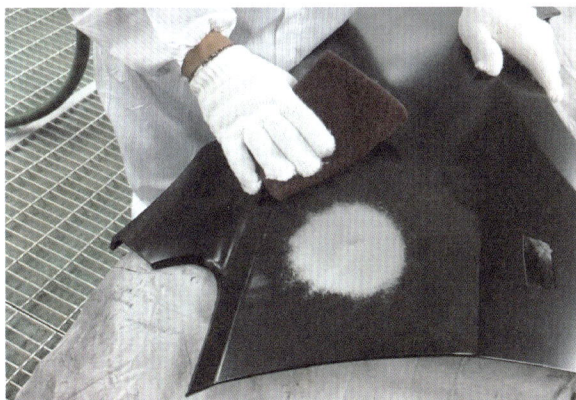

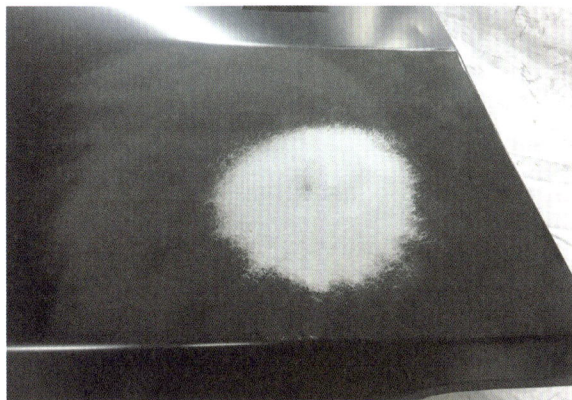

🗨 操作提示

（1）打磨时，打磨机与板件应尽可能放平。

（2）磨毛区范围一般以 3～5cm 为宜，形状要规则。

（3）整个磨毛区的涂层表面要求无橘皮，且避免磨穿。

检查项目：

磨毛区打磨形状是否规则：	□是	□否
磨毛区宽度是否合适：	□是	□否
磨毛区是否有磨穿：	□是	□否

其他项目：_____

4.清除表面粉尘,更换防护用品后进行除油

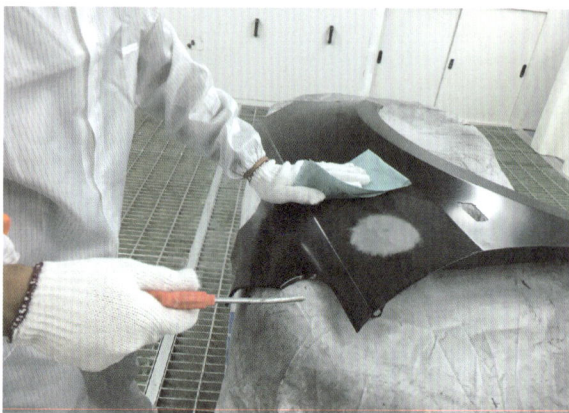

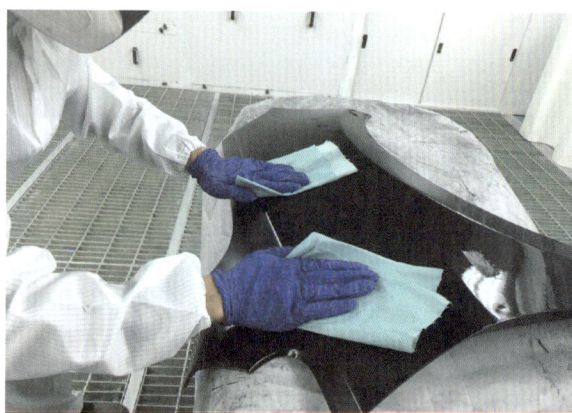

步骤五　　对裸露金属的部位施涂环氧底漆

调配并用清洁布蘸取环氧底漆

P565—895 快干无铬环氧底漆干燥迅速,喷涂 1~2 道单层可达 15~20μm 膜厚,具体调配方法如下(表1-9)。

调配方法　　　　　　　　　　　　　　　　　　表1-9

环氧底漆	固化剂	稀释剂
P565—895	P210—938/939/8430/842	P850—2K
4 份	1 份	1 份

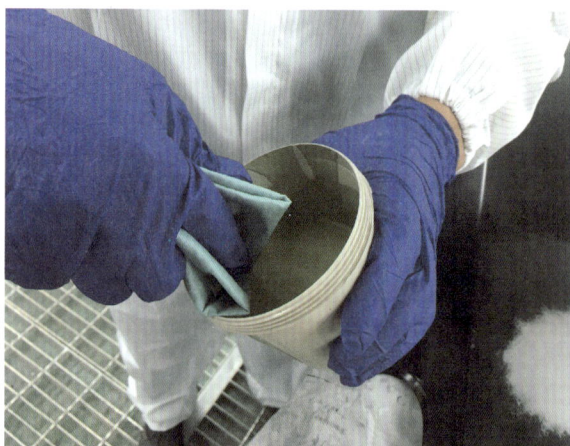

操作提示

(1)对于表面需要刮涂原子灰填平的裸金属部位可采用刷涂或蘸涂的方法进行施工。

(2)施涂后,环氧底漆应完全遮盖住裸露的金属。

(3)刮涂原子灰前需确保环氧底漆完全干固。

(4)可用红外线烤灯对其适当加热,以加快干燥速度。

检查项目：

裸金属是否完全遮盖：　　　□是　　　　　□否

是否施涂到旧涂层上：　　　□是　　　　　□否

其他项目：_____

步骤六 **7S 工作**

剩余的耗材应盖紧密封并妥善归置。

涂料是否盖紧密封：　　　□是　　　　□否

打磨机是否清洁干净：　　　□是　　　　□否

打磨机是否妥善归置：　　　□是　　　　□否

砂纸是否妥善归置：　　　□是　　　　□否

清理场地卫生，按合规的方式及时妥善处理涂装垃圾和废料。

工位是否整理：　　　□是　　　　□否

工作台是否清洁：　　　□是　　　　□否

垃圾是否处理：　　　□是　　　　□否

垃圾处理是否合规：　　　□是　　　　□否

任务评价

请根据活动完成情况填写表1-10。

涂装前处理评分表　　　　　　　　　　　　表1-10

学员编号：　　　　　　　学员姓名：　　　　　　　总得分：

考核时间	序号	项目	配分	评分标准	得分
40min	1	清洁	10	整个操作过程中有一次漏做扣8分	
				清洁除油方法不当每次扣2分	
	2	损伤评估	20	损伤标记没有标出或标记不合理、不完整扣5分	
				原涂膜类型判断不正确扣5分	
				评估损伤方法不规范扣10分	
	3	打磨羽状边	20	打磨头选用错误扣4分	
				砂纸、百洁布选用错误(例如使用灰色百洁布)，扣4分	
				打磨时磨头使用不当，每发现一次扣2分	

考核时间	序号	项目	配分	评价标准	得分
40min	3	打磨羽状边	20	损伤区域内的旧涂层没有完全清除，扣4分	
				裸露金属部位未补涂环氧底漆扣6分	
	4	施工效果	30	旧涂层、拉拔点、氧化层去除彻底，否则扣4分	
				羽状边形状规则，否则扣3分	
				羽状边大小合适，否则扣3分	
				羽状边宽度合适，否则扣4分	
				羽状边平顺，否则扣4分	
				磨毛区形状规则，否则扣4分	
				磨毛区范围合适，否则扣4分	
				研磨区内无粗砂痕，否则扣4分	
	5	安全防护	10	整个操作过程中有一项防护用品佩戴错误或未戴，不得分	
	6	7S	10	中间过程中，出现不必要的吹尘，导致灰尘污染，每次扣2分	
				整体操作完毕，打磨机没有清洁去除灰尘扣2分	
				污染打磨机、手刨、红外线烤灯等，每污染一种扣2分	
				砂纸、百洁布等可继续使用耗材未放置于指定回收处位置扣2分	
分数合计			100	总得分	

评估人员姓名：   日期：

课后测评题

任务一　涂装前处理

一、单选题

1. 涂装前处理的最终目的是(　　)。
   A. 改进涂层的外观　　　　　　　　B. 增强涂膜在底材上的附着力
   C. 提高底材的耐腐蚀能力　　　　　D. 延长涂膜的使用寿命

2. 将各类底材表面的水、尘、油、锈等其他污物清洁干净,并使其具有一定的粗糙度,能使涂料牢固地附着在底材上的工艺称为(　　)。
   A. 涂装前处理　　　B. 除油处理　　　C. 打磨处理　　　D. 清洁处理

3. 用有机溶剂溶解金属表面油污的方法称为(　　)。
   A. 有机溶剂脱脂法　　　　　　　　B. 化学碱液脱脂法
   C. 氢氧化钠溶液脱脂法　　　　　　D. 碳酸钠溶液脱脂法

4. 在对车身表面进行脱脂清洁处理时,正确的清洁操作是(　　)。
   A. 清洁表面时,用蘸有除油剂的布擦拭即可
   B. 清洁表面时,用干净的干布擦拭即可
   C. 清洁表面时,一只手用蘸有除油剂的布擦拭第一道,另一只手马上用干净的干布将第一道擦拭的湿痕擦干
   D. 清洁表面时,先用蘸有除油剂的布擦拭一道,待干后再用干净的干布擦拭即可

5. 对车身小面积裸金属进行除锈处理选用(　　)最为合适。
   A. 单作用打磨机配合 P80 干磨砂纸
   B. 轨道式打磨机配合 P180 干磨砂纸
   C. 双作用打磨机配合 P240 干磨砂纸
   D. 轨道式打磨机配合 P380 干磨砂纸

6. 下列处理中,不适合裸露塑料板件的表面处理的是(　　)。
   A. 脱脂处理　　　B. 磷化处理　　　C. 退火处理　　　D. 化学处理

7. 塑料件表面化学处理的目的主要是(　　)。
   A. 去除油污　　　　　　　　　　　B. 去除脱模剂
   C. 改善涂料在塑料件表面附着力　　D. 消除内应力

8. 由于塑料容易产生静电,吸收灰尘,采用(　　)方法清洁塑料件表面的灰尘。
   A. 脱脂清洁剂　　　　　　　　　　B. 除静电清洁剂
   C. 空气吹尘　　　　　　　　　　　D. 采用干布擦拭

9. 判断原涂层是热固性还是热塑性涂料,可以采用(　　)。
   A. 打磨法　　　B. 溶剂处理法　　　C. 加热处理法　　　D. 测量硬度法

10.判断原涂层是否是溶剂挥发干燥型涂料,可以采用(　　　)。

  A.研磨法   B.溶剂处理法 C.加热处理法   D.测量硬度法

11.判断原涂层是单工序还是多工序涂料,可以采用(　　　)。

  A.研磨法   B.溶剂处理法

  C.加热处理法   D.测量硬度法

12.下列关于原涂层鉴别的说法中,不正确的是(　　　)。

  A.判断原涂层是热固性还是热塑性涂料,可以采用加热处理法

  B.判断原涂层是单工序还是多工序涂料,可以采用研磨法

  C.判断原涂层是否是溶剂挥发干燥型涂料,可以采用研磨法

  D.判断原涂层是否是溶剂挥发干燥型涂料,可以采用溶剂处理法

13.研磨羽状边时应选用(　　　)。

  A.单作用打磨机   B.双作用打磨机

  C.轨道式打磨机   D.喷砂机

14.研磨羽状边时,一般采用(　　　)的干磨砂纸。

  A.P80   B.P120   C.P280   D.P400

15.研磨羽状边时应选用偏心距为(　　　)双作用打磨机。

  A.7mm   B.3mm   C.2mm   D.1mm

16.汽车修补涂装中,单作用打磨机主要用于(　　　)。

  A.清除旧漆层   B.研磨羽状边

  C.打磨原子灰   D.打磨中涂漆

17.羽状边研磨后的形状最好是(　　　)。

  A.正方形   B.长方形   C.圆形   D.三角形

18.为了形成一个精心打磨的原子灰过渡区域,羽状边宽度应不小于(　　　)mm。

  A.5   B.10   C.30   D.80

19.下列关于羽状边研磨的说法中,正确的是(　　　)。

  A.研磨羽状边时,一定要用手触摸打磨边缘,感受边缘呈平滑的过渡坡形

  B.研磨羽状边时,应选用P60干磨砂纸

  C.研磨羽状边时,打磨机的移动必须是直线移动

  D.研磨羽状边时,打磨机的偏心距没有特别规定,只要是双作用打磨机即可

20.下列关于打磨机的使用操作要领的说法中,正确的是(　　　)。

  A.先将打磨盘贴在板件上再启动打磨机

  B.先启动打磨机后再将打磨盘贴在板件上

  C.研磨羽状边时,应让打磨机与板件成尽量大的角度打磨,这样可以加快打磨速度

  D.研磨羽状边时,转速越快越好,这样可以缩短打磨时间

21.下列选项中,(　　　)不是底漆所具备的作用。

  A.提高涂层的附着力   B.填平细微的缺陷

  C.提高防腐蚀能力   D.提高涂层的硬度

22. 下列关于底漆的特点的说法中,不正确的是(   )。

    A. 对底材具有牢固的附着力   B. 对金属有一定保护作用

    C. 与中涂漆有良好的配套性   D. 填补能力比中涂漆强

23. (   )是指直接涂布在已经过底材处理的物体表面上的第一道漆。

    A. 底漆   B. 原子灰   C. 面漆   D. 中涂漆

24. 下列关于底漆的说法中,不正确的是(   )。

    A. 底漆主要改善漆膜耐腐蚀性和附着力

    B. 磷化底漆可以同时改善漆膜附着力和防止生锈

    C. 所有类型的底漆都适用于各类不同的金属表面

    D. 底漆不具备填补的能力

25. 修补塑料件时,应选用(   )进行喷涂。

    A. 磷化底漆   B. 环氧底漆

    C. 醇酸底漆   D. 塑料底漆

26. 在选用底漆时,不需考虑耐腐蚀性的底材是(   )。

    A. 钢板   B. 镀锌板   C. 铝合金板   D. 塑料件

27. 下列选项中,(   )不属于底漆的选用原则。

    A. 底漆应与底材具有良好的附着力

    B. 底漆必须具有极好的耐腐蚀性

    C. 底漆应与底材表面、中间涂层和面漆具有良好的配套性

    D. 底漆应具有良好的装饰性和外观效果

28. 目前,市面上常见的自喷罐塑料底漆在使用前,应首先(   )。

    A. 将漆罐倒置

    B. 向空中试喷 2~3 下

    C. 摇晃漆罐,使底漆混合均匀

    D. 开罐即喷,无须做任何准备工作

29. 下列关于塑料底漆的喷涂的说法中,不正确的是(   )。

    A. 对整个需要修补的区域先使用专用塑料底漆薄喷一层,稍静置一下,再喷涂底漆

    B. 在喷涂塑料底漆时应优先选用快干型稀释剂,并尽量少加

    C. 对较柔软的聚丙烯类塑料,在底漆或中涂漆以及面漆中都要加入一定量的柔软添加剂

    D. 塑料底漆都是双组分的涂料,喷涂前需加入稀释剂混合,调节好黏度后再进行喷涂

30. 下列关于塑料底漆的作用的说法中,不正确的是(   )。

    A. 提高外面的装饰性

    B. 提高防锈能力

    C. 消除表面缺陷和改善表面性能

    D. 提高耐候性和耐化学品腐蚀性

31. 调配磷化底漆时,不可选用下列(　　)材质的容器。

    A. 塑料　　　　　　B. 不锈钢　　　　　　C. 玻璃　　　　　　D. 陶瓷

32. 双组分环氧底漆的调配顺序一般是(　　)。

    A. 稀释剂、底漆、固化剂　　　　　　B. 底漆、固化剂、稀释剂

    C. 稀释剂、固化剂、底漆　　　　　　D. 底漆、稀释剂、固化剂

33. 下列关于底漆调配的说法中,不正确的是(　　)。

    A. 磷化液不是稀释剂,其用量不可随意增减

    B. 调配磷化底漆时,可放在金属容器内进行

    C. 涂料黏度的高低直接影响施工质量,因此需严格控制

    D. 不同涂层对涂料的黏度要求也有所不同

34. 在调配底漆时,如果黏度过低容易造成(　　)。

    A. 涂膜不均匀　　B. 针孔或气孔　　C. 流挂　　D. 表面粗糙

35. 根据说明书,某品牌的快干无铬环氧底漆的调配比例为4:1:0.5,是指(　　)。

    A. 4份底漆,1份固化剂,0.5份稀释剂

    B. 4份固化剂,1份底漆,0.5份稀释剂

    C. 4份稀释剂,1份底漆,0.5份固化剂

    D. 4份底漆,1份稀释剂,0.5份固化剂

二、判断题

1. 涂装前处理质量的好坏对涂层质量没有直接影响。　　　　　　　　　　(　　)

2. 进行车身涂装前处理时,应根据被涂物的用途、材质、要求和表面状况采取与之相适应的处理方法。　　　　　　　　　　(　　)

3. 塑料件表面化学处理的目的是使表面粗化具有多孔性,从而改善涂料的塑料制品的附着力。　　　　　　　　　　(　　)

4. 塑料表面的油污和脱模剂会大大降低涂层的附着力,采用普通除油剂就可将塑料表面的油污和脱模剂清除干净。　　　　　　　　　　(　　)

5. 用红外线烤灯对测试板进行加热,如果漆面有软化现象,则说明原涂层为热塑性涂料。　　　　　　　　　　(　　)

6. 在涂装修补之前,无需对原涂层的种类进行判断,只要用现有的操作工艺和修补材料即可。　　　　　　　　　　(　　)

7. 研磨羽状边时,应选用单作用打磨机。　　　　　　　　　　(　　)

8. 研磨羽状边时,应选用双作用打磨机配合P120干磨砂纸。　　　　　　(　　)

9. 研磨羽状边时,为了加快打磨效率,可以使劲用力将打磨机压在板件上打磨。(　　)

10. 研磨羽状边时,先将打磨盘贴在板件上再启动打磨机。　　　　　　(　　)

11. 底漆的主要作用是提高附着力和防腐蚀性。　　　　　　　　　　(　　)

12. 底漆是指直接涂布在已经过底材处理的物体表面上的第一道漆。　　(　　)

13. 塑料底漆的作用是增强塑料的弹性的硬度。　　　　　　　　　　(　　)

14. 有些硬质塑料,如玻璃钢,与涂层具有良好的黏结力,可以不用喷涂塑料底漆。

（　　）

15. 选用底漆时应考虑与底材表面、中间涂层和面漆具有良好的配套性,以防止出现涂装缺陷。

（　　）

16. 底漆的种类繁多,但针对不同的底材选用底漆时没有特别的要求,可以任意选用。

（　　）

17. 底漆的调配是指将底漆、固化剂、稀释剂等按照一定比例进行混合。 （　　）

18. 在调配底漆时,为了提高效率,可以凭借自己的经验随意调配。 （　　）

19. 在就车修理而不更换零部件时,塑料件是否需要喷涂塑料底漆要根据具体情况来确定,如果有裸露塑料制品,应喷涂塑料底漆。 （　　）

任务二 **02**

原子灰刮涂与整平

任务介绍

原子灰刮涂与整平是车身涂装修复工作中的一道重要工序，也是区别原厂工艺特有的一道工序，其施工质量的好坏不仅关系到损伤区是否能恢复到原有的形状，而且还会影响修复后涂层的使用寿命。

本任务主要介绍了原子灰的作用、组成、分类及工艺流程，通过对本任务相关知识的学习及技能训练，学生能够正确选用原子灰，掌握原子灰的搅拌、刮涂及整平的技巧。

学习目标

（1）知道原子灰的作用和种类，能根据底材的状况选用合适的原子灰。

（2）掌握原子灰调配、刮涂、干燥和打磨的方法，能按照标准工艺完成原子灰刮涂与整平作业。

（3）操作过程中，能严格执行工艺标准，会自觉、细致的检查施工质量，具备良好的职业道德和职业素养。

情景导入

某车辆更换的翼子板已经完成涂装前处理（损伤区的羽状边研磨和底漆施涂）作业，如图2-1所示。为了使板件表面恢复到原有的形状，需要对损伤处进行原子灰的刮涂与整平作业。

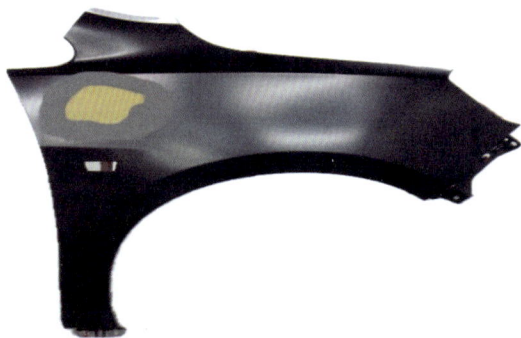

↑图2-1　已经完成涂装前处理的翼子板

任务描述

汽车车身涂装修复工从班组长处领取车辆维修工单，明确原子灰刮涂与整平任务，查阅涂料产品手册及相关设备的使用说明，梳理原子灰刮涂与整平作业流程与规范，按要求做好原子灰刮涂与整平前的准备

与检查工作，根据作业流程进行原子灰的搅拌、刮涂及整平操作。作业完成后对原子灰施工的效果进行自检，确认合格后交付班组长复检。

📗 相关知识

1. 原子灰

原子灰(俗称腻子),用于填充被涂物表面的凹陷、砂眼等缺陷,使其恢复原有的形状。

原子灰应具有良好的配套性,与底漆、中涂漆不发生咬底、渗色、脱落等弊病,具备较强的层间附着力。优质的原子灰干燥速度快,方便施工、易打磨、不粘砂纸,且打磨后的接口过渡平顺。

原子灰可分为钣金原子灰、普通原子灰、柔性原子灰和硝基原子灰。各类原子灰特点,见表2-1。

各类原子灰的特点   表2-1

类型	特点	适用的底材
普通原子灰	易打磨、干燥速度快、附着力好,但是不宜过厚,一般为1~3mm	适用于已涂覆环氧底漆的钢板、镀锌钢板或者铝及铝合金板表面
钣金原子灰	相较普通原子灰更优的施工性能,施工厚度可达5mm,甚至更厚	可直接在钢铁、镀锌钢板、铝及铝合金板上使用
柔性原子灰	具备较强的韧性,不易开裂。施工厚度不宜过大	用于保险杠等塑料的表面
硝基原子灰	用于填充细小划痕或砂眼,附着力差,不宜大面积使用	用于原子灰打磨后或中涂打磨后的表面

操作提示:硝基原子灰为单组分,可直接使用,其他3类原子灰均需按规定比例添加固化剂

2. 原子灰刮涂工具

刮刀是原子灰刮涂的主要工具,按材料不同可分为塑料刮刀、橡胶刮刀、金属刮刀,如图2-2所示。

刮刀又可按软硬程度和大小分类,不同的刮刀其适用范围不同,各类刮刀的应用场景,见表2-2。

塑料刮刀　　　　　橡胶刮刀　　　　　金属刮刀

⬆图2-2　刮刀的种类

各类刮刀的应用场景   表2-2

软硬程度	材质及尺寸	适用范围
软	塑料刮刀	损伤范围适中,弧度中等的表面
	橡胶刮刀	弧度较大,且形状复杂的表面
	薄的金属小刮刀	损伤范围适中,弧度中等的表面
硬	厚的金属小刮刀	损伤范围适中,较平整的表面
	金属大刮刀	损伤范围较大,较平整的表面

刮刀在使用前需检查刀口，应确保刀口平直，无缺口、变形，使用后应立即用稀释剂清洗干净。

3. 原子灰与固化剂的混合

双组分原子灰需添加固化剂且混合均匀后才能干燥固化，一般固化剂的添加量（重量比）为2%～3%。如果固化剂添加过量，会导致原子灰打磨性能变差，甚至产生渗色缺陷；添加不足，容易导致原子灰干燥不良，无法打磨。

新开罐或者许久未用的原子灰和固化剂里的成分会发生一定程度的分离。如原子灰中的填料易沉降，若不将填料、树脂和溶剂均匀混合，会影响原子灰的质量，造成表层原子灰过稀，填充性差，底层原子灰过稠，无法使用，所以在使用前需要充分搅拌，如图2-3所示。搅拌前应确保油灰刀或搅拌尺清洁；搅拌后应尽量抹平原子灰表面，以降低溶剂挥发的速度。固化剂可用搓、捏的方式挤压包装，使固化剂中的主剂与助剂混合均匀，如图2-4所示。

原子灰与固化剂的混合可根据原子灰的用量选择在搅拌板或者在油灰刀上进行。常温下与固化剂混合后的原子灰在4～5min后开始固化，在温度较高的时候，固化时间会进一步缩短，所以混合的速度应尽可能快一些，让更多的时间用于原子灰的刮涂。混合时，使用油灰刀反复铲起下压原子灰，直至颜色均匀，不再看到固化剂的颜色为止，如图2-5所示。

4. 原子灰的刮涂

原子灰刮涂通常分为压灰、填灰、收灰

3个步骤，每个步骤的操作要点见表2-3。

↑图2-3　原子灰的搅拌

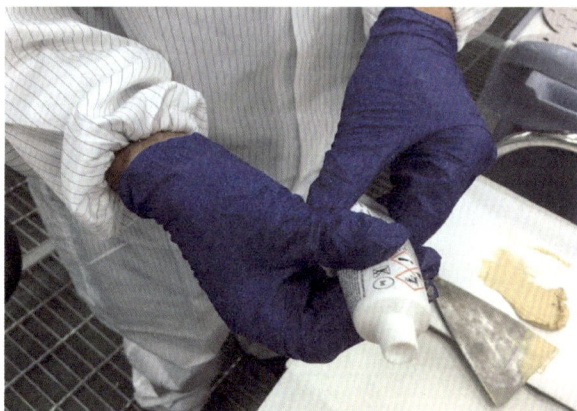

↑图2-4　搓、捏固化剂

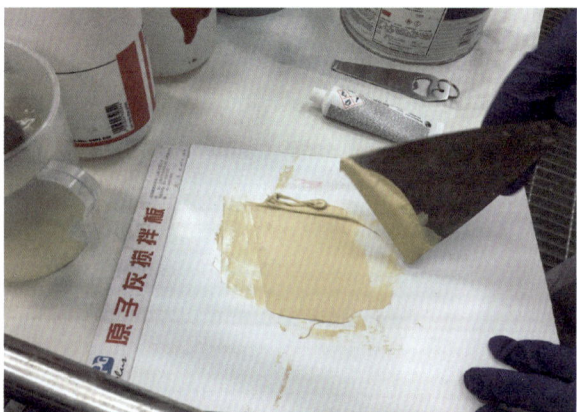

↑图2-5　原子灰的混合

原子灰刮涂步骤及方法　　　　　　　　表2-3

步骤	目的	操作要点
压灰	使原子灰压入凹陷，并在损伤表面形成一薄层，以增强附着力	刮刀与板件呈60°左右的夹角，用力薄刮填入凹坑

步骤	目的	操作要点
填灰	使原子灰形成中间厚四周薄的状态,以填充损伤	刮刀与板件角度在30°~50°之间变化,即由损伤边缘起刀逐渐变小角度至损伤中心处,再由损伤中心处慢慢变大角度至损伤边缘
收灰	使原子灰表面光滑,四周接口平顺	刮刀与板件成30°左右,轻轻刮涂整个表面,收除多余原子灰

刮涂原子灰时,对于凹陷较深的缺陷,需要反复多次刮涂;凹陷较浅的缺陷,通常刮涂1~2次即可填平,具体刮涂次数以完全填补损伤区域为准。每次刮涂的层间需要干燥,可使用红外线烤灯加热干燥。

如果损伤区有特征线,在刮涂原子灰前可先借助圆规、尺等工具划出特征线,如图2-6所示;然后沿所划线条用胶带贴出特征线,先用原子灰施涂整平一个面后再施涂整平另一个面,如图2-7所示。

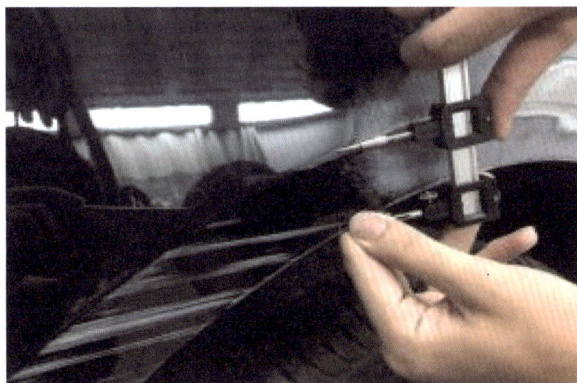

⬆ 图2-6　划线

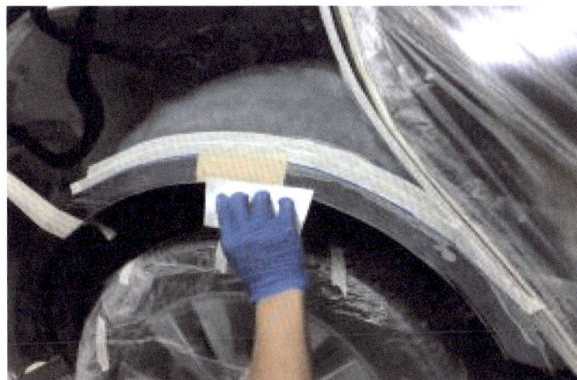

⬆ 图2-7　分面刮涂

5. 原子灰的干燥

在施涂下一层原子灰或打磨原子灰前,均需待原子灰彻底干燥后才能进行。一般在常温环境中,原子灰静置10~20min左右即可完全固化干燥,若相对湿度过高或温度过低时,干燥时间会延长,此时可用短波红外线烤灯来缩短干燥时间,使用时注意烘烤温度不得超过50℃,以免影响原子灰性能,造成原子灰起泡、开裂或脱落。

判断原子灰干燥的方法如下:

(1)触指法:等待一段时间后,触摸原子灰表面。如果原子灰干燥,触摸时不会有粘手的感觉,且表面比较坚硬。

(2)指甲测试法:用指甲划原子灰时,划痕为白色,不发软,不发粘,则说明完全干燥。

(3)砂纸打磨法:可以使用粗砂纸轻轻打磨表面,产生的粉末细腻且无粘砂纸的状况,说明原子灰已经干燥。

6. 原子灰的打磨

原子灰具有一定的吸水性,水分残留在涂层内会导致漆膜起泡、起痱子,甚至造成金属底材锈蚀,因此原子灰更建议采用干磨。常用的干磨方式有手工干磨和机械打磨两种,具体差异见表2-4。实际工作中,也可采用手工打磨和机械打磨相结合的方式进行打磨。

打磨方式及适用情况　　　　　　　　　　　　　　表2-4

打磨方式	特点	适用情况
手工打磨	打磨质量容易掌控,但打磨效率低,劳动强度高	适合小面积或曲面、圆弧面的原子灰的打磨
机械打磨	打磨效率高,可降低劳动强度,但较难掌控,对操作者的技术要求较高	适用修补面积较大以及相对平整的表面

原子灰打磨一般需要使用到P80、P120、P180及P240号砂纸,每个型号的砂纸在使用时有不同的要求,具体见表2-5。

各型号砂纸的作用与使用要求　　　　　　　　　　　　　表2-5

砂纸型号	作用	使用要求
P80	磨除原子灰刮涂的接口及高点,初步整平原子灰表面	打磨时应控制打磨范围,禁止超出原子灰刮涂区域,防止在旧涂层上留下过粗的砂纸痕
P120	基本整平原子灰,并消除P80号砂纸留下的粗砂痕	打磨时尽量不超出原子灰刮涂区域
P180	整平原子灰,消除P120号砂纸产生的砂纸痕及细小的缺陷	打磨范围应略大于P120号砂纸的打磨范围
P240	消除P180号砂纸产生的砂纸痕,为中涂漆提供附着力	打磨范围应大于P180号砂纸的打磨范围15cm左右

注意:打磨原子灰时,需呈"米"字或"井"字轨迹交叉打磨,每次更换砂纸型号前,必须要使用打磨指示剂

打磨后的原子灰表面应平整光滑,无粗砂纸痕、无砂眼,原子灰与漆面接口无台阶。如不符合上述要求,可重新刮涂并打磨原子灰,直至原子灰符合工艺要求。

任务准备

1. 班组分工

□组长　　□安全员　　□操作员　　□质检员　　其他_____

2. 检查场地

□施工区域通风　　□施工区域光线充足　　□气源正常　　□电源正常
□工位场地面积_____　　现场人数_____　　工位数_____

3. 设备工具

□吹尘枪	□5 或 7 号打磨机	□烤灯	□刮涂工具
□手刨板	□工具车	其他＿＿＿＿＿＿＿＿＿＿＿＿	

4. 安全防护

□工作服	□工作鞋	□棉纱手套	□耐溶剂手套
□防溶剂面具	□防尘口罩	□护目镜	□耳塞
其他＿＿＿＿＿＿＿＿＿＿＿＿＿＿＿＿＿＿＿＿＿＿＿＿＿＿＿＿＿＿＿＿＿			

5. 产品耗材

□原子灰及辅料	□打磨指示剂	□P80 砂纸	□P120 砂纸
□P180 砂纸	□P240 砂纸	□P320 砂纸	□红色百洁布
□除油剂	□除油布	其他＿＿＿＿＿＿＿＿＿＿＿＿	

任务实施

以门板原子灰施工为例(参考视频请扫描二维码)

步骤一 调配原子灰

原子灰刮涂与整平

1. 取适量原子灰及相应比例的固化剂

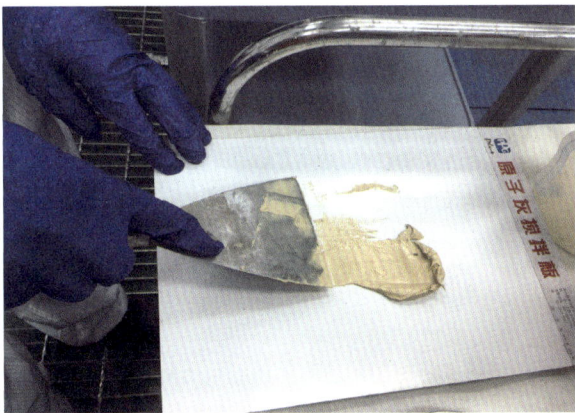

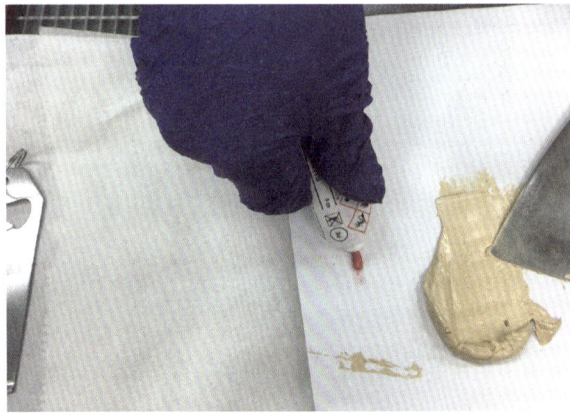

操作提示

(1)若原子灰刮涂与前处理的时间间隔过久,应先用红色百洁布打磨环氧底漆后再做除尘、除油处理。

(2)按工序要求,规范穿戴防护用品。

(3)使用专用工具打开原子灰盖,不允许用油灰刀撬,以免油灰刀变形。

(4)取原子灰及固化剂前须搅拌均匀。

(5)固化剂应挤在调灰板上,不得直接挤在原子灰上。

(6)如不能准确判断固化剂的添加量,可用电子秤称量。

（7）取用后须及时盖（拧）紧原子灰及固化剂盖。

2.混合原子灰与固化剂

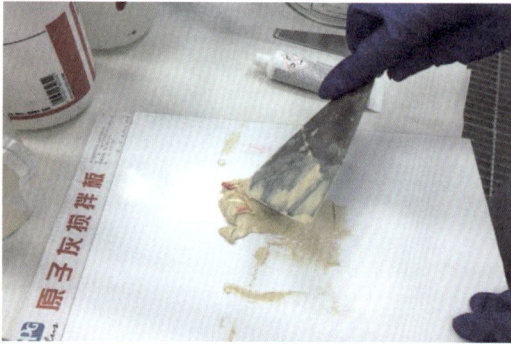

操作提示

（1）用油灰刀反复铲起、下压原子灰，混合至颜色均匀。

（2）调配速度要快，让更多的时间用于原子灰的刮涂。

步骤二　刮涂原子灰

1.压灰：取少量原子灰对裸金属进行薄刮

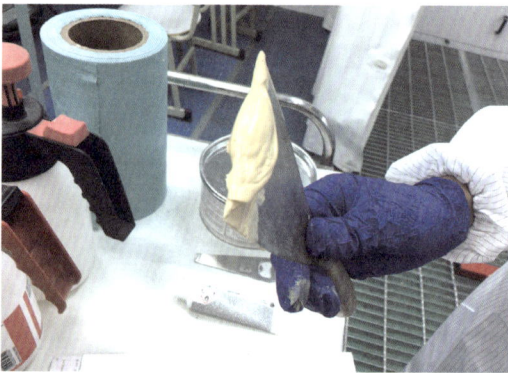

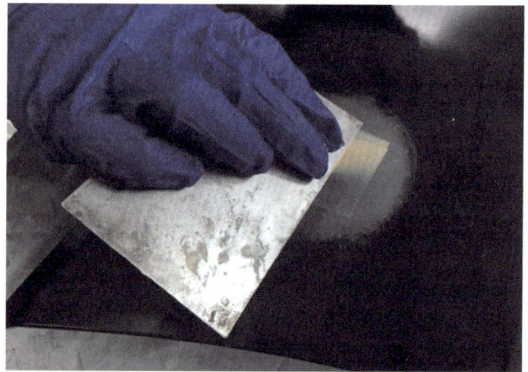

操作提示

（1）刮刀与板件呈60°左右的夹角，用力薄刮填住凹坑，以增强附着力。

（2）刮涂范围仅限于裸露底材表面。

2.填灰：将剩余的原子灰依次刮涂于损伤处

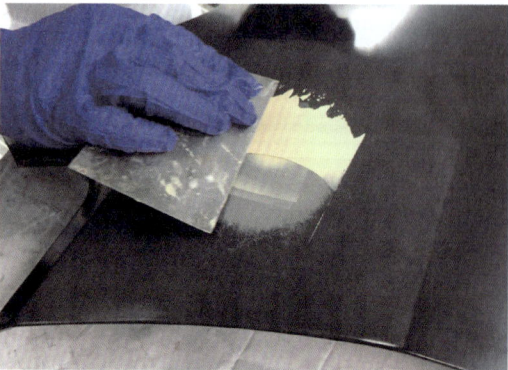

操作提示

（1）刮刀应由损伤边缘起刀，逐渐变小角度至损伤中心处，再由损伤中心处慢慢变大角度至损伤边缘。

（2）刮涂范围应略大于压灰区域，小于磨毛区。

（3）原子灰中心位置应与损伤位置保持一致，不得刮偏。

（4）单次施刮厚度应控制在3mm左右。若损伤过深，应待本次施涂结束并干燥后再次施涂。

3.收灰：收除多余原子灰

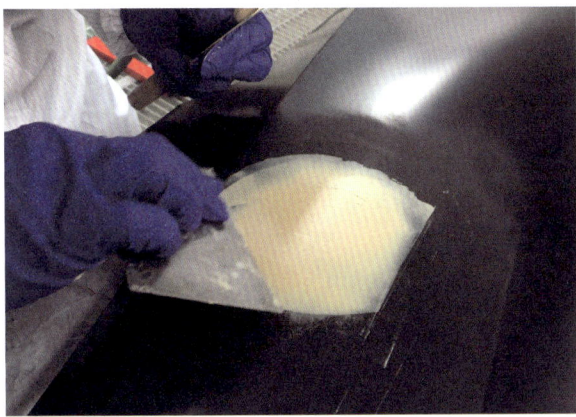 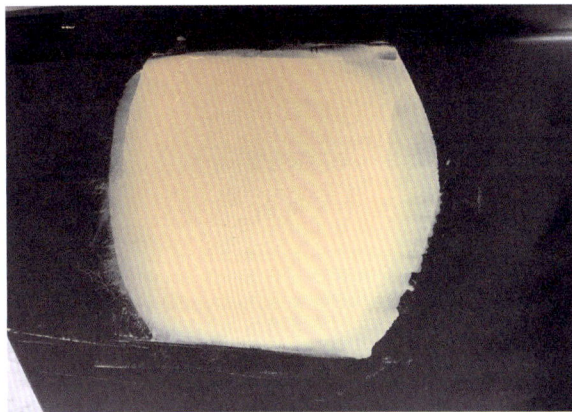

操作提示

（1）刮刀与板件应成30°左右夹角，轻轻刮涂整个表面，收除多余原子灰，使其表面光滑，四周接口平顺。

（2）使用刮刀的尺寸大于所刮原子灰宽度效果会更好，如下图所示。

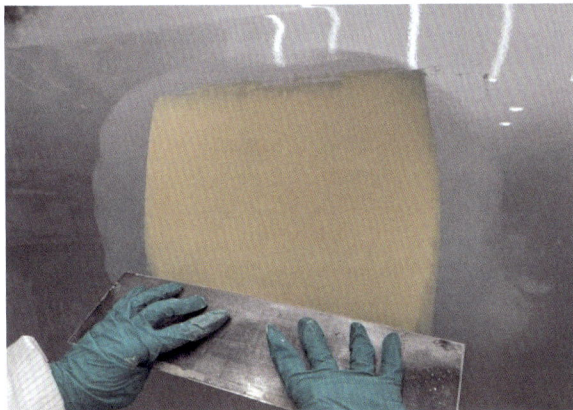

（3）刮涂完成后，应及时清洗刮涂工具。

（4）多余的原子灰不能随意丢弃，应及时放入装水的桶中。

（5）原子灰固化过程会产生热量，与其他易燃物（如用过的清洁布等）一起存放会有自燃的安全隐患。

步骤三 干燥原子灰

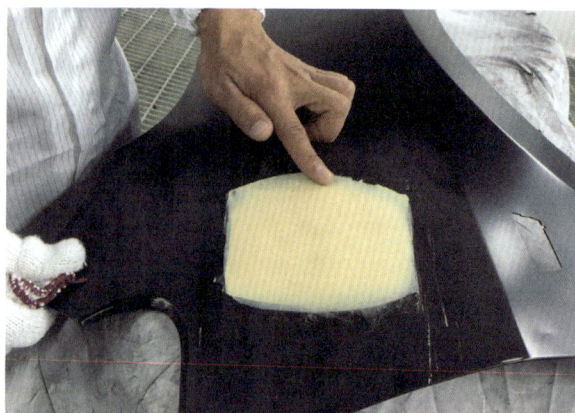

操作提示

（1）环境温度较低时，可使用短波红外线烤灯加速原子灰干燥。

（2）烘烤原子灰时，要时刻关注板件温度，不得超过50℃。

（3）建议烤灯与板件的距离不少于80cm。

（4）彻底干燥冷却后才能进行下一步施工。

步骤四 检查原子灰

检查原子灰是否满足打磨要求。若损伤未被填起，应按步骤三至步骤五反复施工，直至损伤被完全填充为止。

打磨原子灰前的基本要求：

（1）原子灰已经彻底干燥。

（2）损伤已被填平，且原子灰中心略高于周围漆面。

（3）原子灰表面较平整光滑，无大砂眼、凹坑。

检查项目：

施涂范围是否合理：☐是　☐否　　　原子灰是否干燥：　☐是　☐否

表面颜色是否均匀：☐是　☐否　　　损伤是否已被填充：☐是　☐否

接口是否平顺：　　☐是　☐否

其他缺陷：_____

步骤五》　原子灰打磨

1. 更换防护用品，施涂打磨指示剂

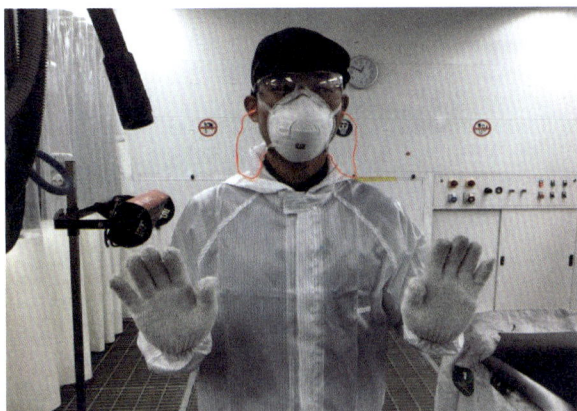

操作提示

打磨指示剂均匀薄涂一层即可。

2. 粗磨原子灰

（1）用 P80 号砂纸初步整平原子灰。

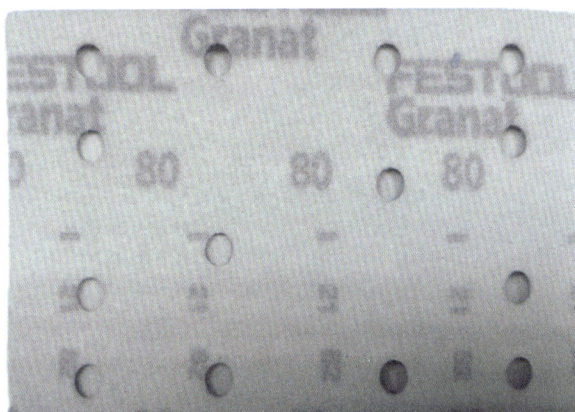

（2）用 P120 号砂纸基本整平原子灰，并消除 P80 号砂纸的打磨痕迹。

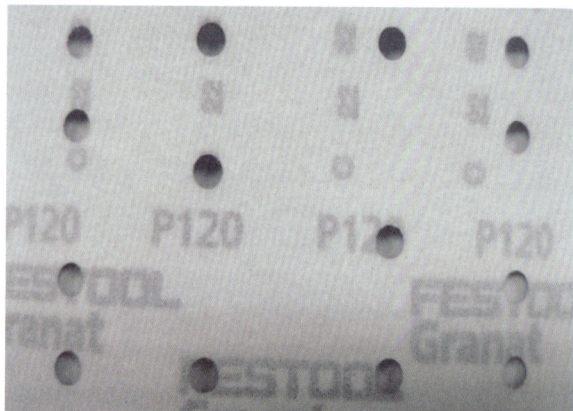

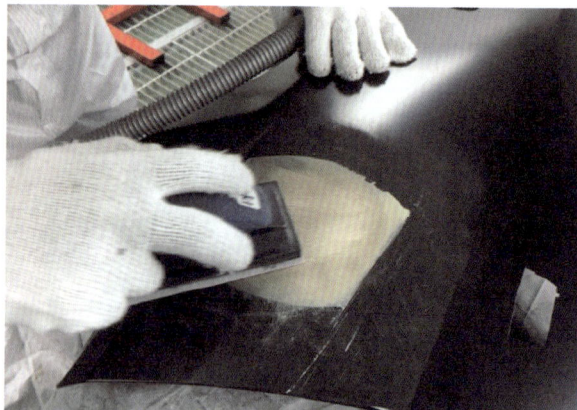

操作提示

（1）应根据原子灰的大小选择尺寸合适的打磨工具，初学者建议采用手工打磨。

（2）手工打磨原子灰时，应尽量选用具备集尘功能的手刨板并连接集尘设备。

（3）原子灰的粗磨应控制在原子灰刮涂范围内，以便保留原子灰与漆面的接口。

（4）原子灰应采用"米"字轨迹交叉往复打磨。

（5）更换砂纸打磨前，须再次施涂打磨指示剂。

（6）打磨过程中，应随时从多方向触摸检查平整度。

3. 细磨原子灰

（1）用 P180 号砂纸整平原子灰，并消除 P120 号砂纸的打磨痕迹。

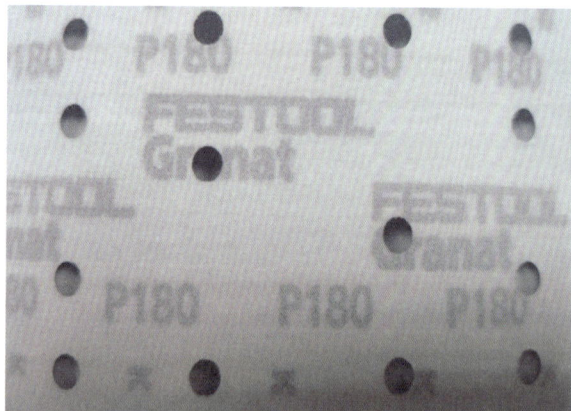

（2）用 P240 号砂纸消除 P180 号砂纸的打磨痕迹。

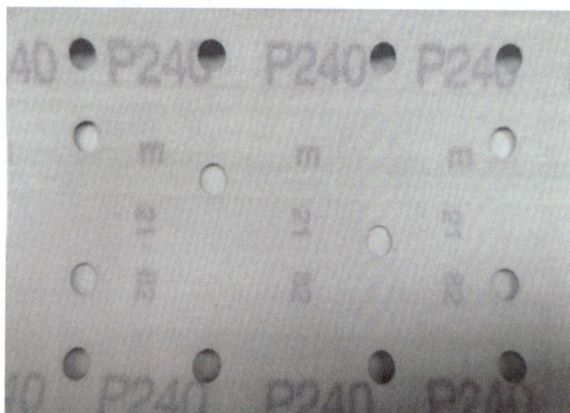

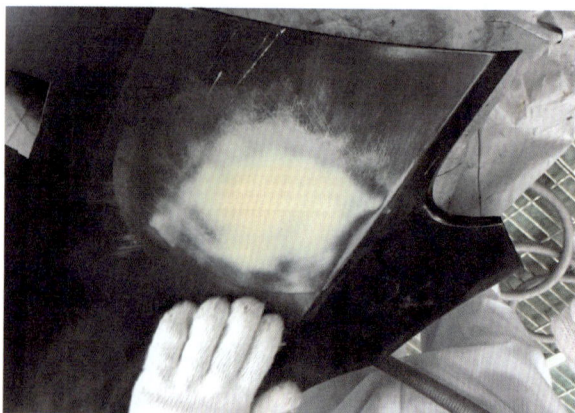

　　打磨后的原子灰应平整光滑,接口过渡均匀无台阶,表面无明显的砂纸痕、砂眼。如不符合,应重复刮涂打磨原子灰直至符合工艺要求。

🟣 操作提示

　　(1)原子灰细磨范围略应大于粗磨范围,以得到更平整的原子灰和更平滑的接口。
　　(2)打磨方法同粗磨相似,采用"米"字轨迹交叉往复打磨。
　　(3)细微的砂眼和砂纸痕可薄刮原子灰或填眼灰后再打磨。

检查项目:
平整度是否符合工艺要求: □是　　□否
是否存在砂眼: □是　　□否
是否存在砂纸痕: □是　　□否
是否存在原子灰漏磨、磨穿: □是　　□否
其他缺陷: _____

步骤六　　中涂漆施工前预处理

1. 选用 P320 号砂纸配合 5 号或 7 号打磨机打磨中涂漆喷涂区域

2. 选用红色百洁布手工研磨边角及易磨穿的筋线等区域

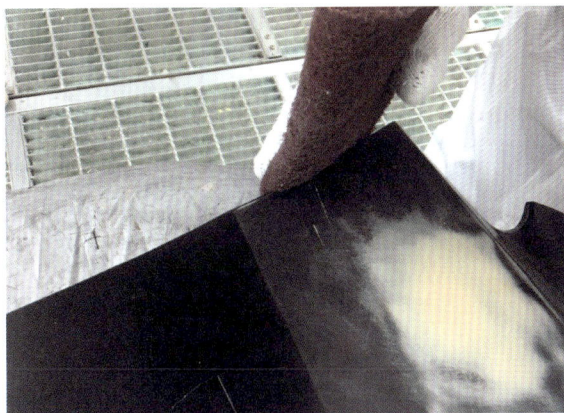

操作提示

（1）如果中涂漆需整板喷涂，应打磨整个板件；如果中涂漆仅需局部喷涂，应从原子灰边缘向外扩 15cm 左右即可。

（2）如果喷涂免磨中涂漆，此步可选用 P400～P500 号砂纸。

（3）应正确操作打磨机，严禁磨穿原有涂层。

检查项目：

打磨范围是否合适：　☐是　　　☐否

是否存在磨穿：　　　☐是　　　☐否

是否存在砂纸痕：　　☐是　　　☐否

是否存在橘皮：　　　☐是　　　☐否

是否存在边角漏磨：　☐是　　　☐否

其他缺陷：＿＿＿＿＿＿＿＿＿＿＿＿＿＿＿＿＿＿＿＿＿＿＿＿＿＿＿＿

步骤七　　除尘除油

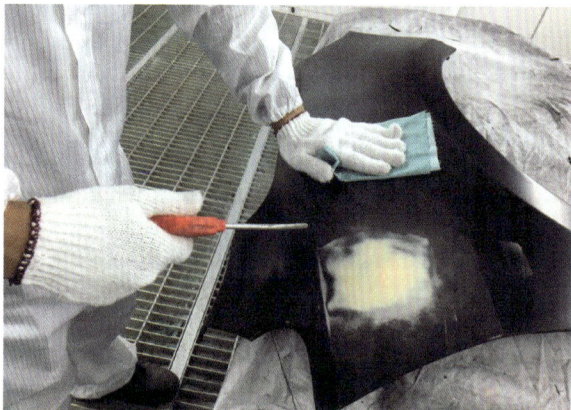

操作提示

（1）操作前，应穿戴合规的防护用品。

（2）吹尘前，需要先抹去浮灰。

（3）原子灰表面不需除油。

步骤八　　7S 工作

剩余的耗材应盖紧密封并妥善归置。

涂料是否盖紧密封：　☐是　　　☐否

打磨机是否清洁干净：☐是　　　☐否

打磨机是否妥善归置：☐是　　　☐否

砂纸是否妥善归置：　☐是　　　☐否

清理场地卫生,按合规的方式及时妥善处理涂装垃圾和废料。

工位是否整理: □是 □否

工作台是否清洁: □是 □否

垃圾是否处理: □是 □否

垃圾处理是否合规:□是 □否

📝 任务评价

请根据活动完成情况填写表2-6。

原子灰刮涂与整平评分表 表2-6

学员编号: 学员姓名: 总得分:

考核时间	序号	项目	配分	评分标准	得分
240min	1	安全防护	15	未穿戴工作服扣3分	
				未穿安全鞋扣3分	
				未戴护目镜扣3分	
				未戴安全帽扣3分	
				未戴棉纱手套或橡胶手套扣3分	
	2	原子灰调配	15	原子灰与固化剂使用前未搅拌扣5分	
				原子灰与固化剂比例不正确扣5分	
				原子灰与固化剂搅拌不均匀扣5分	
	3	原子灰刮涂	20	第一遍未薄刮扣5分	
				刮涂方法错误扣1~5分	
				刮涂范围超出羽状边磨毛区扣1~5分	
				刮涂结束后未完全将凹坑填充扣5~10分	
				红外线烤灯使用不正确扣5分	
				原子灰未完全干燥扣10分	
	4	原子灰打磨	40	打磨前未使用打磨指示剂扣2分	
				砂纸选用不正确扣1~5分	
				原子灰打磨不平整扣1~20分	
				打磨完毕有较大砂眼或者粗砂纸痕扣1~10分	
				未打磨中涂漆预喷涂区扣5分	
	5	7S	10	过程中,出现不必要的吹尘,导致灰尘污染,每次扣2分	

续上表

考核时间	序号	项目	配分	评分标准	得分
240min	5	7S	10	整体操作完毕,打磨机没有清洁去除灰尘扣2分	
				污染打磨机、手刨、红外线烤灯等,每污染一种扣2分	
				砂纸、百洁布等可继续使用耗材未放置于指定回收处位置扣2分	
分数合计			100	总得分	

评估人员姓名：   日期：

课后测评题

任务二　原子灰刮涂与整平

一、单选题

1. 下列选项中,只能用来填补极其微小的小坑、小眼的是(　　)。
　　A. 硝基原子灰　　　B. 柔性原子灰　　　C. 钣金原子灰　　　D. 普通原子灰

2. 在塑料件的缺陷填补中必须按要求使用(　　)。
　　A. 柔性原子灰　　　B. 普通原子灰　　　C. 钣金原子灰　　　D. 纤维原子灰

3. 下列原子灰中,可以直接在镀锌板上使用的是(　　)。
　　A. 柔性原子灰　　　B. 普通原子灰　　　C. 钣金原子灰　　　D. 纤维原子灰

4. 下列原子灰的填充材料中含有纤维物质的是(　　)。
　　A. 普通原子灰　　　B. 硝基原子灰　　　C. 纤维原子灰　　　D. 钣金原子灰

5. 原子灰是一种(　　)状的涂料。
　　A. 固体　　　　　　B. 液体　　　　　　C. 气体　　　　　　D. 膏状和厚浆

6. 一般情况下,原子灰是通过(　　)将其涂覆在被涂物表面上的。
　　A. 胶水粘接　　　　B. 喷枪喷涂　　　　C. 模具固定　　　　D. 刮具刮涂

7. 纤维原子灰可以直接填充直径小于(　　)mm 的孔洞而无需钣金修复。
　　A. 80　　　　　　　B. 100　　　　　　　C. 50　　　　　　　D. 150

8. 可以直接刮涂在铝板上的原子灰是(　　)。
　　A. 普通原子灰　　　B. 钣金原子灰　　　C. 硝基原子灰　　　D. 柔性原子灰

9. 常用原子灰的固化剂应按主剂重量的(　　)% 加入。
　　A. 2 ~ 3　　　　　　B. 9 ~ 10　　　　　　C. 16 ~ 18　　　　　　D. 50 ~ 60

10. 原子灰刮涂时,其刮涂范围应控制在(　　)。
　　　A. 羽状边磨毛区内　　　　　　　　B. 羽状边磨毛区外
　　　C. 裸金属内　　　　　　　　　　　D. 羽状边内

11. 原子灰刮涂时,一次刮涂的厚度不能超过(　　)mm。
　　　A. 10　　　　　　　B. 8　　　　　　　C. 5　　　　　　　D. 1

12. 下列选项中,不能直接刮涂任何原子灰的是(　　)。
　　　A. 塑料件　　　　　B. 不锈钢　　　　　C. 磷化底漆　　　　D. 环氧底漆

13. 手工研磨原子灰时,最合适的研磨方式是(　　)。
　　　A. 垂直研磨　　　　B. 斜交叉研磨　　　C. 水平研磨　　　　D. 圆周研磨

14. 下列关于原子灰干燥的说法中,不正确的是(　　)。
　　　A. 烘烤距离在 70 ~ 80cm 之间　　　　B. 烘烤温度不高于 50℃
　　　C. 烘烤温度越高越好　　　　　　　　D. 烘烤时间一般在 3 ~ 5min 左右

15. 原子灰研磨工艺中,一般选用的干磨砂纸型号为(　　)。

  A.P80～P240   B.P320～P400   C.P400～P500   D.P800～P1000

16. 机磨原子灰时,打磨机必须与原子灰表面(　　)。

  A.平行   B.垂直   C.30°角   D.50°角

17. 下列属于机械干磨操作优点的是(　　)。

  A.污水多   B.效率高   C.劳动强度大   D.容易造成涂膜病态

18. 手工干磨原子灰容易造成的缺陷是(　　)。

  A.涂膜起泡   B.起痱子   C.油漆剥落   D.灰尘多

19. 在下列原子灰研磨工艺中,劳动强度最低的是(　　)。

  A.机械干磨   B.手工干磨

  C.手工水磨   D.手工干磨后再手工水磨

20. 水磨原子灰后容易出现起泡、裂痕和(　　)等缺陷。

  A.脱落   B.鱼眼   C.褪色   D.咬起

21. 原子灰的填充能力强、但渗水能力也很强所以不能使用(　　)打磨。

  A.机械干磨   B.手工干磨   C.机械和手工干磨 D.水磨

22. 水磨原子灰后水分没有完全挥发,会导致(　　)。

  A.橘皮   B.颗粒   C.云斑   D.起泡

23. 下列不属于水磨原子灰的缺点的是(　　)。

  A.环境污染大   B.劳动强度大   C.打磨速度慢   D.粉尘多

24. 干磨第一道原子灰时,一般可先采用(　　)号砂纸。

  A.P80   B.P120   C.P180   D.P240

25. 喷涂中涂漆前,对于边角等机械不易打到的部位可采用(　　)进行研磨。

  A.P180   B.P320   C.红色百洁布   D.灰色百洁布

26. 喷涂中涂漆前的研磨必须使用不低于(　　)号砂纸。

  A.P180   B.P240   C.P320   D.P500

27. 原子灰打磨前涂指示层的作用是(　　)。

  A.显示未打磨区域   B.减少灰尘

  C.加快打磨速度   D.手感好

二、判断题

1. 普通原子灰不能直接刮涂在镀锌板、不锈钢板、铝板和经磷化处理的裸金属表面。

                          (　　)

2. 钣金原子灰适用于车身所有部件的填补作业。   (　　)

3. 硝基原子灰的干燥时间比普通原子灰的干燥时间短。   (　　)

4. 在汽车修补涂装中,原子灰刮涂得越厚越好,这样可以很好的修复车身的缺陷。

                          (　　)

5. 原子灰刮涂的范围越大越好,可以刮涂到未经研磨的完好漆面上。   (　　)

6. 机磨原子灰时,应将打磨机轻压在原子灰表面,左右轻轻移动打磨机。 （   ）

7. 为了加快原子灰的干燥速度,烤灯和原子灰的距离越近越好。 （   ）

8. 干磨原子灰容易产生起泡缺陷,并严重影响漆面之间的附着力。 （   ）

9. 机械研磨原子灰可以提高工作效率。 （   ）

10. 喷涂车间内遍地是污水,即影响喷漆质量,又不安全,还污染环境。 （   ）

11. 喷涂中涂漆前,对于边角等机械不易打到的部位可采用灰色百洁布进行研磨。

（   ）

12. 粗研磨原子灰应采用偏心距为 5～7mm 的打磨机。 （   ）

中涂漆喷涂与打磨

任务介绍

中涂漆是汽车涂层中不可缺失的重要组成之一，合适的中涂漆产品和正确的施工工艺，既能减少色漆用量、降低成本，又能节省施工时间、提升生产效益。

本任务主要介绍中涂漆的分类、调配、喷涂和打磨等内容。通过对本任务相关知识的学习及技能训练，学生能够熟练掌握中涂漆产品的选用和调配，能按照工艺要求进行中涂漆的施工。

学习目标

（1）知道中涂漆的种类和特性。

（2）掌握中涂漆调配、喷涂、干燥和打磨的方法，能按标准工艺进行中涂漆施工。

（3）在操作过程中，能正确选用中涂漆的灰度值，以降低面漆用量，具有严谨的工作态度。

情景导入

某车辆更换的翼子板已完成原子灰刮涂与整平作业，形状已恢复如初，如图 3-1 所示。现在需要对板件喷涂中涂漆，以填充原子灰表面的细微缺陷。

↑ 图 3-1　原子灰施工完成后的翼子板

任务描述

汽车车身涂装修复工从班组长处领取车辆维修工单，明确中涂漆喷涂与打磨任务，查阅涂料产品手册及相关设备的使用说明，梳理中涂漆喷涂与打磨作业流程与规范，按要求做好中涂漆喷涂与打磨前的准备与检查工作，根据作业流程进行中涂漆的调配、喷涂及打磨操作。作业完成后对中涂漆施工的效果进行自检，确认合格后交付班组长复检。

相关知识

1. 中涂漆的作用与性能

中涂漆介于底漆与面漆之间,具有封闭底漆(原子灰),填充细微缺陷,增强涂层间的附着力,提高面漆丰满度的作用。汽车中涂漆还应具备如下性能:

(1)具有良好的配套性能,涂覆后不会与底漆、原子灰及面漆发生咬底、渗色等弊病。

(2)具有良好的隔离性能,能防止其底层涂层的有害物质渗出,破坏面漆。

(3)具有良好的施工性能,干燥迅速、施工方便。

(4)具有良好的抗冲击性能,以保护底涂层不受"石击"等轻微冲击的破坏。

2. 中涂漆的分类

中涂漆的种类繁多,分类方式也多种多样,最常见的2种分类方式是固化方式和固体含量。

(1)按固化方式不同,可分为溶剂挥发型和固化剂聚合型中涂漆,其中最具代表性的是硝基中涂漆和丙烯酸聚氨酯中涂漆,其特点及用途差异详见表3-1。

硝基中涂漆和丙烯酸聚氨酯中涂漆的特点及用途的差异　　　　表3-1

固化方式	常见产品	特点	干燥方法	应用
溶剂挥发型	硝基	单组分类型涂料,干燥迅速、易于打磨,但成膜较薄、附着力较差,容易出现咬底	20~35℃环境中,自然干燥10~20min左右	用于装饰性要求不高的车辆。(多数企业已不允许在轿车维修上使用。)
固化剂聚合型	丙烯酸聚氨酯	双组分类型涂料,性能稳定,附着力、填充力良好,易打磨,但干燥速度较慢	20~35℃环境中,自然干燥4~8h或60℃强制干燥30min	可用于各种底漆、原子灰及旧漆层之上

目前市面上流通最广、最能保证涂装质量的是固化剂聚合型的双组分丙烯酸聚氨酯中涂漆产品。

(2)按固体含量高低不同,固化剂聚合型的中涂漆产品又可分为高固中涂漆和免磨中涂漆,其性能特点及施工差异见表3-2。

高固中涂漆和免磨中涂漆的特点及施工差异　　　　表3-2

分类	性能特点	喷枪口径	常用的喷涂方法	干燥要求	打磨要求
高固	黏度高,施工后表面较粗糙,具有很好的填充能力	1.6~2.0mm	喷涂1半干层,闪干后喷涂1中湿层,再次闪干后喷涂1全湿层,膜厚一般可达到80~120μm	20~35℃环境中,自然干燥4~8h或60℃强制干燥30min	根据面漆颜色或种类选用P400~P600号砂纸打磨
免磨	黏度低,施工后表面光滑,填充能力弱,对底材或前处理表面质量要求极高	1.3~1.4mm	喷涂1全湿层或喷涂1半干层后立即喷涂1全湿层,膜厚一般在40μm左右	闪干至哑光后即可喷涂面漆	无需打磨

操作提示：具体的调配比例及施工要求请参照产品手册。

半干层：喷涂完毕后，漆面应有略带湿润感，从漆面观察烤房灯光倒影，可看见比较模糊的灯管影子，略有反光即可。

半湿层：喷涂完毕后，漆面应湿润，从漆面观察烤房灯光倒影，可看见比较清晰的灯管影子，有明显反光现象。

全湿层：比半湿层更湿润，能清晰的看见灯管的影子。

3. 中涂漆的调配

1）灰度值的查询与调配

中涂漆的灰度值是影响面漆遮盖力的主要因素。通过调配中涂漆的灰度来匹配不同颜色的面漆，可大幅度减少面漆用量，节约成本。如图3-2所示，左右两边采用不同灰度的中涂漆，在喷涂相同颜色和层数的面漆后，左边已被完全遮盖，而右边未被遮盖。

⬆ 图3-2　中涂漆灰度值对面漆遮盖力的影响

中涂漆不同的灰度值，通常是由同品牌同系列的黑色、灰色及白色的中涂漆按不同比例混合而成的。如NEXA　AUTOCOLOR的中涂漆产品，产品说明具体见表3-3。

NEXA　AUTOCOLOR中涂漆产品说明

表3-3

产品	描述
P565—510	高固含量厚膜中涂漆（灰色）
P565—511	高固含量厚膜中涂漆（白色）

产品	描述
P170—5670	高固含量灰度中涂漆色母（黑色）

NEXA　AUTOCOLOR的中涂漆产品通过示图为用户提供中涂漆灰度的调配比例，具体见图3-3所示。图中SG01～SG07表示不同颜色的面漆适合的灰度值及3种产品按不同的比例能调配的灰度值，比如面漆为较明亮的黄色系，根据下图应选用SG02灰度的中涂漆，即将P565—511与P565—510按照95:5的比例调配即可。

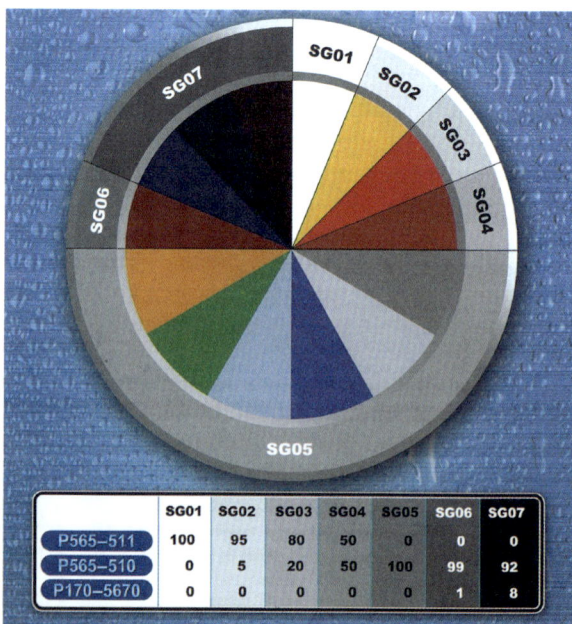

	SG01	SG02	SG03	SG04	SG05	SG06	SG07
P565—511	100	95	80	50	0	0	0
P565—510	0	5	20	50	100	99	92
P170—5670	0	0	0	0	0	1	8

⬆ 图3-3　NEXA　AUTOCOLOR中涂漆灰度值匹配及比例

另外，灰度值也可通过颜色查询系统查询，多数产家在颜色配方页面上会提供与之相匹配的中涂漆灰度值或调配比例,如图 3-4 所示。

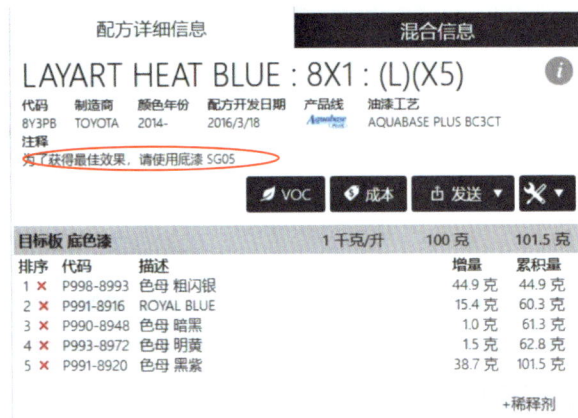

⬆ 图 3-4 颜色配方页面上提供的中涂漆灰度

P210-842
2K高固固化剂(快干)

适用于气温25℃以下。

    P210-842 2K高固固化剂(快干)可配合P565-895无铬环氧底漆,P565-5601/5/7创新自流平底漆,P565-510/511高固含量厚膜底漆,P420系列纯色漆,P190-6850极品清漆等。适用于气温25℃以下。

P210-844
2K高固固化剂(标准)

适用于25℃~30℃。

    P210-844 2K高固固化剂(标准)可配合P565-5601/5/7创新自流平底漆,P565-510/511高固含量厚膜底漆,P420系列纯色漆。P190-6850极品清漆,适用于25℃-30℃。

2)固化剂与稀释剂的选用

(1)固化剂的选用

双组分涂料必须与固化剂配套使用,才能使漆基中的官能团发生交联反应形成聚合物,也就是涂料固化的过程。固化剂使用错误会造成涂膜无法干固;添加过少,则会使涂膜固化不良,硬度过低;添加过量,则会使涂膜变脆,柔韧性下降。

在选用固化剂时应严格遵循产品手册,根据配套性和环境温度来选用。如图 3-5 列举了 NEXA AUTOCOLOR 产品中的部分固化剂选用条件。

P210-845
2K高固固化剂(慢干)

适用于30℃以上。

    P210-845 2K高固固化剂(慢干)可配合 P565-5601/5/7创新自流平底漆,P565-510/511高固含量厚膜底漆,P190-6850极品清漆,适用于30℃以上。

P210-8430
2K高固固化剂(标准快干)

适用于气温25℃以下。

    P210-8430 2K高固固化剂(标准快干)可配合P565-895无铬环氧底漆,P565-5601/5/7创新自流平底漆,P565-510/511高固含量厚膜底漆,P420系列纯色漆,P190-6850极品清漆等,适用于气温25℃以下。

⬆ 图 3-5 NEXA AUTOCOLOR 固化剂的选用条件

(2)稀释剂的选用

稀释剂的主要作用是调节涂料的施工黏度。稀释剂添加错误,涂料易发生絮状析出而无法使用;添加过少,涂料黏度过高,涂膜表面易产生橘皮;添加过量,则黏度过低,涂膜易产生流挂。因此,在选用稀释剂时,

也必须遵循产品手册,根据配套性和环境温度来选用。如图 3-6 列举了 NEXA AUTOCOLOR 产品中的部分稀释剂选用条件。

4. 中涂漆的喷涂

1)喷涂工具

喷枪是汽车车身涂装修复的重要工具

之一,它是利用压缩空气将液体涂料打散,形成细小的颗粒,从而实现喷涂的效果,其

结构、分类、规格、使用等内容详见表3-4所示。

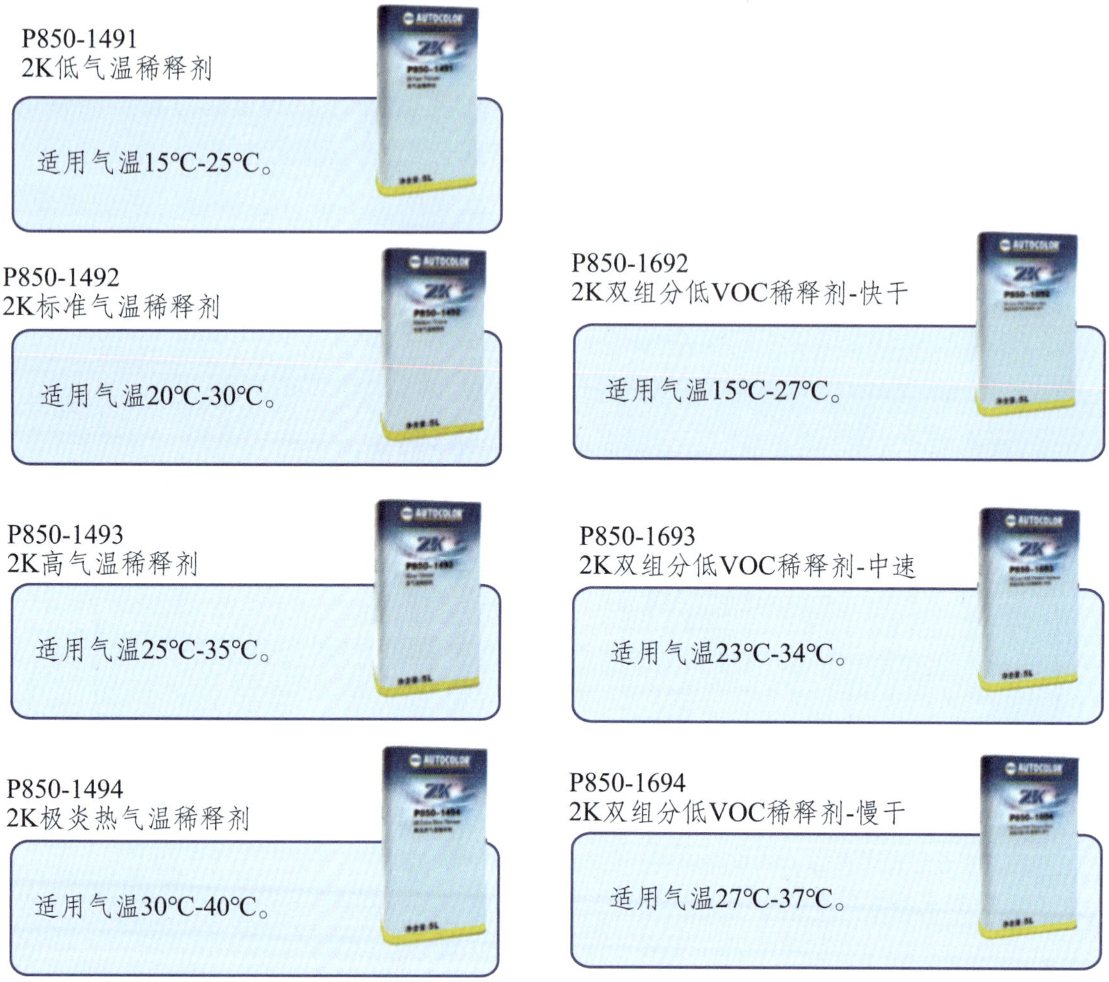

P850-1491
2K低气温稀释剂

适用气温15℃-25℃。

P850-1492
2K标准气温稀释剂

适用气温20℃-30℃。

P850-1692
2K双组分低VOC稀释剂-快干

适用气温15℃-27℃。

P850-1493
2K高气温稀释剂

适用气温25℃-35℃。

P850-1693
2K双组分低VOC稀释剂-中速

适用气温23℃-34℃。

P850-1494
2K极炎热气温稀释剂

适用气温30℃-40℃。

P850-1694
2K双组分低VOC稀释剂-慢干

适用气温27℃-37℃。

↑ 图3-6　NEXA　AUTOCOLOR 稀释剂的选用条件

喷枪的结构、分类、使用方法等　　　　表3-4

功用	将液体涂料均匀雾化,使涂覆效果更均匀	
喷枪结构	基本组成:枪体、喷嘴、风帽、枪针等	
	风帽	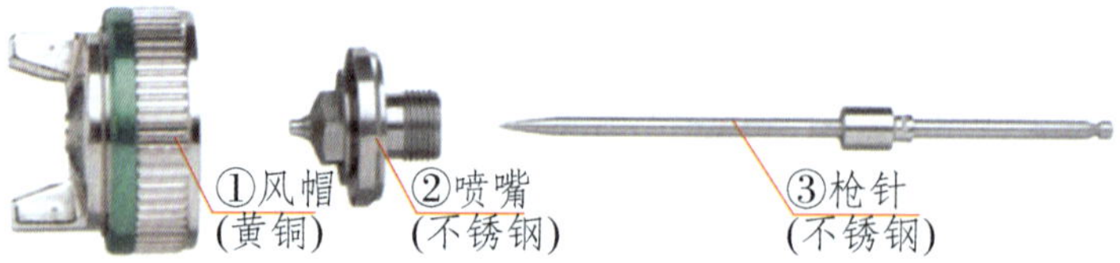 ①风帽（黄铜）　②喷嘴（不锈钢）　③枪针（不锈钢）
	喷嘴	主雾化孔　辅助雾化孔　扇幅控制孔　过度雾化区　雾化区　中心湿润区
	枪针	面漆喷幅　底漆喷幅

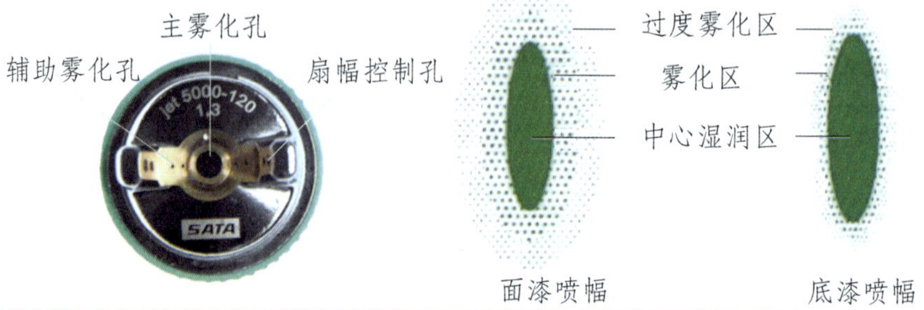

类型	按涂料供给方式:可分为重力式、吸力式、压送式 按枪壶(漆壶)位置,可分为:上壶式和下壶式 按雾化技术特点,可分为:HVLP(高流量低压力)喷枪、RP喷枪 按使用功能,可分为:底漆喷枪、面漆喷枪、点修补喷枪		
常用规格	按喷嘴口径(上壶式):面漆(免磨中涂漆)喷枪1.2~1.4mm,底漆、高固中涂漆喷枪1.6~2.0mm,点修补(面漆)喷枪0.8~1.2mm		
喷枪 调整方法	出漆量 调整		
	喷幅调整		
	气压调整		
试喷 检验	 流痕长度接近,说明涂料分布均匀	 涂料分布呈中间少两端多,说明喷束太宽或出漆量太小,可减小扇幅或增大出漆量	 涂料分布呈中间多两边少,说明喷束太窄或出漆量太大,可增大扇幅或减小出漆量
基本操作	喷涂角度	90°垂直	
	喷涂距离	15~20cm	
	喷涂速度	60~120cm/s	
	喷幅重叠	1/2~3/4	
维护保养	清洗	 清洁喷枪时,不可使用硬度过高的工具(如钢丝、大头针)等,以避免喷枪受损,影响喷涂效果	

维护保养	润滑	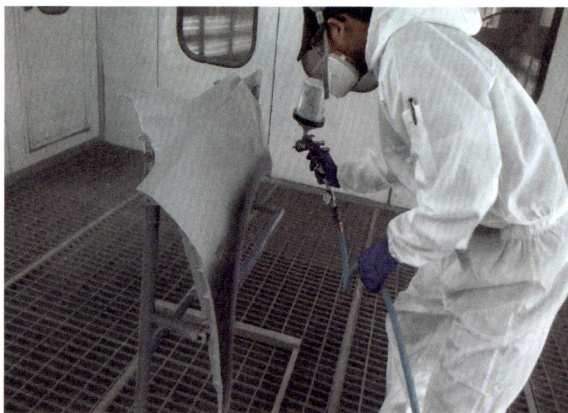
		喷枪清洗完毕后，使用专用润滑脂润滑可拆卸的摩擦部件，以减少磨损，延长喷枪的使用寿命

2）中涂漆喷涂的方法

中涂漆喷涂的方法可根据损伤位置、损伤范围、维修方案等综合因素分为整板喷涂和局部喷涂，如图 3-7 所示。

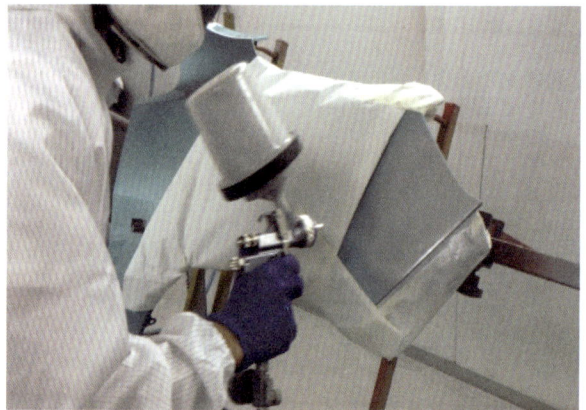

整板喷涂

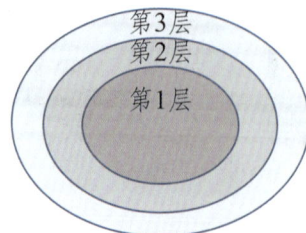

局部喷涂

⬆ 图 3-7 中涂漆喷涂方法

整板喷涂时，建议保持恒定的喷涂距离、喷涂角度、喷涂速度、喷幅重叠，合理控制扳机，根据板件的形状，按照先上后下、先里后外、先边后面的方式进行喷涂。

在进行局部喷涂时，要注意扳机的合理控制和甩枪（挑枪）的有机配合，使中涂漆边缘过渡平顺；各层喷涂可以采用从小到大的方式喷涂，即第一层盖住原子灰，然后慢慢扩大喷涂范围，如图 3-8a）所示；也可以采用从大到小的方式喷涂，即喷涂范围依次缩小，最后一层喷涂在原子灰上，如图 3-8b）所示。施工者可根据所选产品的性能特点和个人工作习惯加以选择。

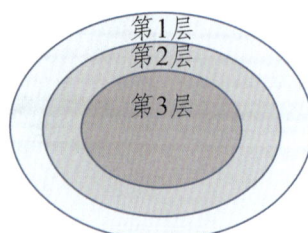

a）从小到大喷涂

b）从大到小喷涂

⬆ 图 3-8 中涂漆局部喷涂的方法

5. 中涂漆的干燥

打磨前,中涂漆必须完全固化干燥。若干燥不充分,不仅打磨时涂料会"粘"砂纸使打磨作业难以进行,而且在喷涂面漆后也容易出现涂膜缺陷。常用的中涂漆干燥的方式有自然干燥、短波红外线烤灯加热干燥和喷烤漆房加热干燥 3 种。这 3 种干燥方式的差异见表 3-5。

不同干燥方式的差异 表 3-5

干燥方式	操作要求与差异
自然干燥	20℃情况下,静置 4～8 小时
短波红外线烤灯加热	闪干 5～10min,距离 80～100cm,板件表面温度控制在 60℃,烘烤 15～30min
喷烤漆房加热	闪干 5～10min,烤房温度设定 60℃,烘烤时间 20～30min

操作提示:采用强制加热方式干燥时,必须按产品要求设置并保持相应的温度,如果温度过高,会造成涂膜起泡,甚至板件变形

6. 中涂漆的打磨

免磨中涂漆施工后表面光滑,闪干后即可喷涂面漆,可省略此步作业。但是,高固中涂漆干燥后表面都比较粗糙,橘皮较重,需要对其精细打磨,才能得到平滑的表面。

中涂漆打磨时,一般选用偏心距 3mm 的双作用打磨机和打磨软垫配合 P400～P600 号干磨砂纸打磨板件正面较平整区域(包括需喷涂面漆的旧漆层)。如果遇到门把手、板件边角、明显凹面等打磨机无法打磨的部位,则可以用灰色百洁布或 P600～P800 号海绵砂纸手工打磨。

选用砂纸时,应考虑面漆的填充力和颜色,一般情况下,当面漆为单工序素色漆时采用 P400～P500 号干磨砂纸;当面漆为双/三工序金属漆时采用 P500～P600 号干磨砂纸。若面漆颜色较浅时,可选用较粗的砂纸;颜色较深时,应选用较细的砂纸。打磨后的中涂漆表面应达到以下要求:

(1)中涂漆表面光滑,与旧漆层的接口处呈羽状边、无台阶。

(2)表面无砂眼、砂纸痕等缺陷,无磨穿至裸露原子灰、底材。

任务准备

1. 班组分工

□ 组长	□ 安全员	□ 操作员	□ 质检员	其他_____

2. 检查场地

□ 施工区域通风	□ 施工区域光线充足	□ 气源正常	□ 电源正常
□ 工位场地面积_____	现场人数_____	工位数_____	

3. 设备工具

□ 振荡机	□ 调漆工作台	□ 电子秤	□ 调漆比例尺
□ 搅拌棒	□ 喷漆房	□ 喷枪	□ 耐溶剂喷壶
□ 洗眼器	□ 紧急喷淋装置	□ 吹尘枪	□ 3 号打磨机
□ 手刨板	其他_____		

4. 安全防护

☐ 喷漆工作服　　☐ 工作鞋　　☐ 棉纱手套　　☐ 耐溶剂手套
☐ 防溶剂面具　　☐ 防尘口罩　　☐ 护目镜　　☐ 耳塞
其他_____

5. 产品耗材

☐ 中涂漆　　☐ 固化剂　　☐ 稀释剂　　☐ 清洁剂
☐ 纸漏斗　　☐ 清洁布　　☐ 粘尘布　　☐ P320 砂纸
☐ P400 砂纸　　☐ P500 砂纸　　☐ 精磨砂棉　　☐ 灰色百洁布
☐ 打磨指示剂　　☐ 调漆杯　　其他_____

📖 任务实施

以整板喷涂 NEXA　AUTOCOLOR 高固中涂漆为例（参考视频请扫描二维码）

步骤一　　**检查板件**

中涂漆喷涂与打磨

中涂漆调漆前,应检查板件,确认是否符合施工要求。如有裸露底材,应喷涂底漆覆盖。喷涂中涂漆前的板件表面基本要求:

(1)原子灰平整光滑,无砂眼、粗砂痕。

(2)待喷涂区域用 P240 或者 P320 砂纸打磨至足够平滑。

(3)板面无裸露底材。

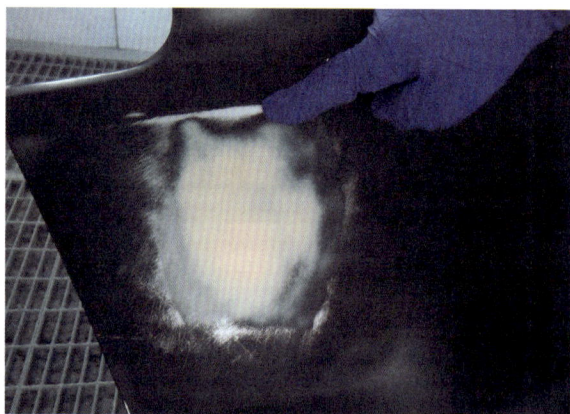
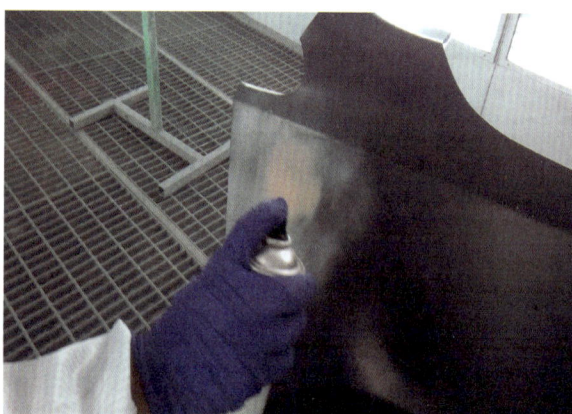

🎙 操作提示

裸露金属的部位需喷涂环氧底漆,裸露塑料的部位则应喷涂塑料底漆。

步骤二 调配中涂漆

1.选用中涂漆,并确认灰度值

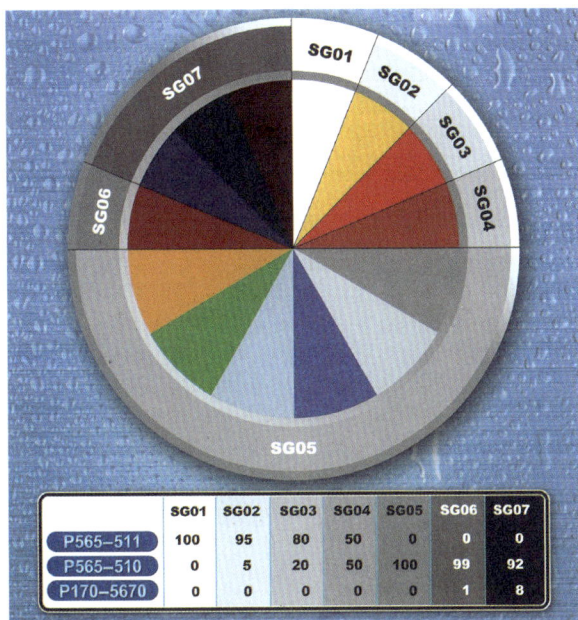

	SG01	SG02	SG03	SG04	SG05	SG06	SG07
P565-511	100	95	80	50	0	0	0
P565-510	0	5	20	50	100	99	92
P170-5670	0	0	0	0	0	1	8

操作提示

(1)经过原子灰整平的工件建议采用高固中涂漆;底材良好,无损伤的可选用免磨中涂漆。

(2)通过颜色查询系统获取的灰度值更为准确。

2.添加中涂漆,并按比例调配

操作提示

(1)中涂漆产品在使用前须充分搅拌,使其体质颜料、树脂等成分混合均匀。

(2)应根据产品性能、喷涂面积大小等因素,预估使用量,在确保施工质量的前提下,合理控制成本、避免浪费、减少污染。

（3）先根据灰度值比例添加中涂漆，再按调配比例添加配套的固化剂和稀释剂。

（4）调漆工具清洁干净，建议选用带刻度的调漆杯或圆柱形调漆杯。

（5）中涂漆混合后必须在活化时间要求范围内使用，否则，会影响施工品质，堵塞喷枪。

3. 搅拌均匀，过滤后装入枪壶

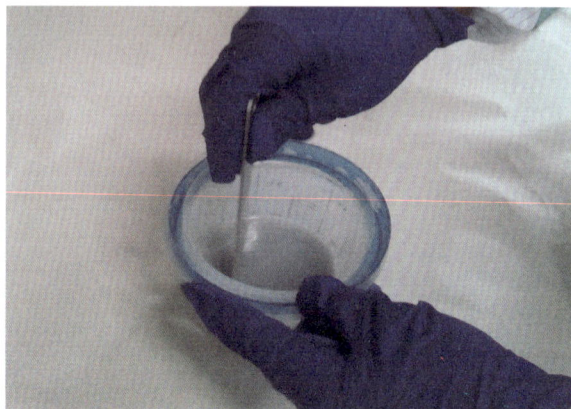

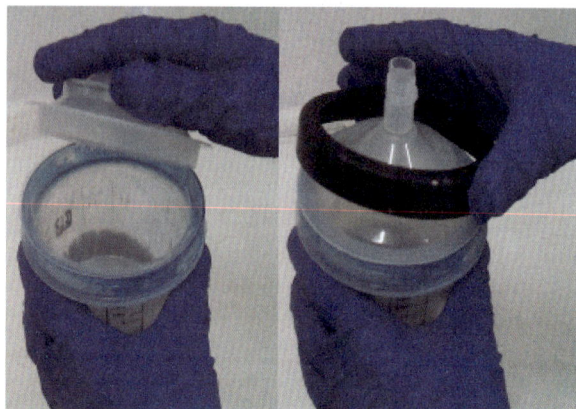

操作提示

装入枪壶前，应使用150目过滤网过滤，防止有杂质混入，影响喷涂质量。

步骤三　选用并调试喷枪

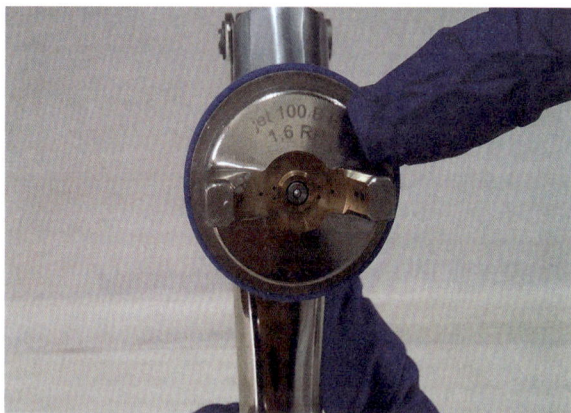

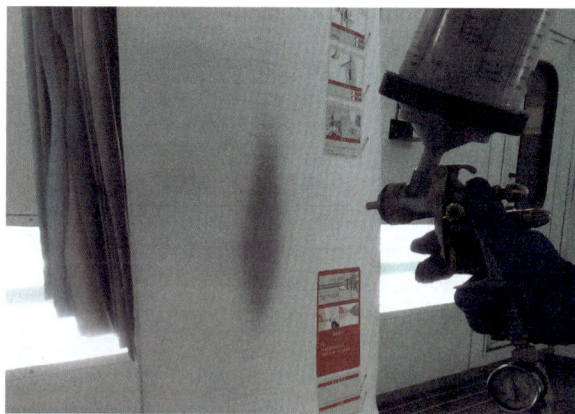

整板喷涂 NEXA　AUTOCOLOR 高固中涂漆时，喷枪调节可参考表3-6。

整板喷涂 NEXA　AUTOCOLOR 高固中涂漆的喷枪调节　　　表3-6

出漆量	扇面	气压
2~2.5 圈	全开或3/4	2.0~2.5bar

操作提示

（1）高固中涂漆选用 1.6~2.0mm 喷嘴口径的喷枪（重力式），免磨中涂漆选用 1.3~

1.4mm 喷嘴口径的喷枪(重力式)。

(2)喷枪调节时,建议先调节出漆量,再调整喷幅,最后调节气压。

(3)试枪时应保持正常的喷涂距离,检查雾化状况和涂料分布情况。

步骤四　喷涂中涂漆

1.喷涂半干层,喷涂范围略大于原子灰区域

NEXA　AUTOCOLOR 高固中涂漆半干层的喷涂方法可参考表3-7。

NEXA　AUTOCOLOR 高固中涂漆半干层喷涂方法　　表 3-7

喷涂距离	喷涂速度	扇面重叠
20~25cm	40~50cm/s	2/3
15~20cm	60~80cm/s	1/2

操作提示

(1)局部喷涂时应适当运用"挑枪"手法。"挑枪"手法详见任务七。

(2)半干层:喷涂完毕后,漆面应有略带湿润感,可看见比较模糊的灯管影子。

(3)闪干至哑光后才可喷涂下一层中涂漆。

2.整板喷涂半湿层

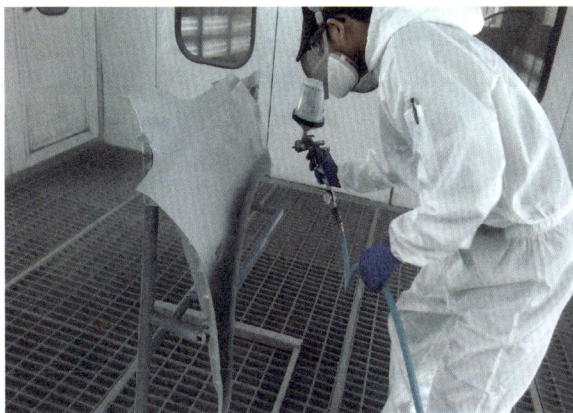

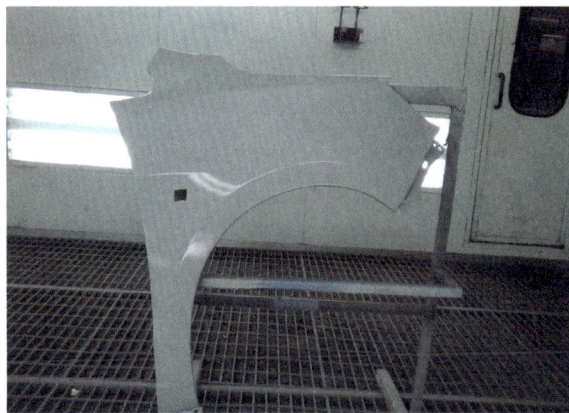

NEXA　AUTOCOLOR 高固中涂漆半湿层的喷涂方法可参考表3-8。

NEXA AUTOCOLOR 高固中涂漆半湿层喷涂方法 表 3-8

喷涂距离	喷涂速度	扇面重叠
20～25cm	50～60cm/s	3/4
15～20cm	60～70cm/s	2/3

操作提示

（1）半湿层：喷涂完毕后，漆面应湿润，从漆面观察烤房灯光倒影，可看见比较清晰的灯管影子，有明显反光现象。

（2）闪干至哑光后才可喷涂下一层中涂漆。

（3）喷涂时，建议按先上后下、先里后外、先边后面的顺序进行喷涂。

3. 整板喷涂全湿层

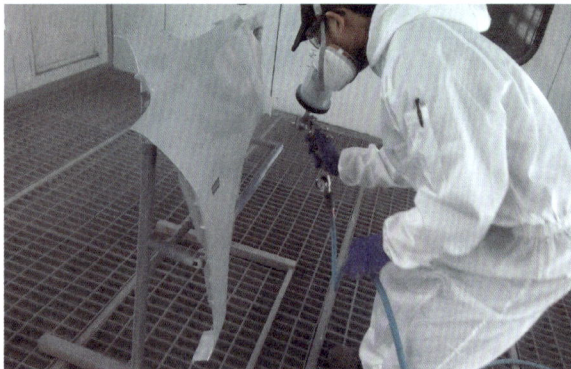

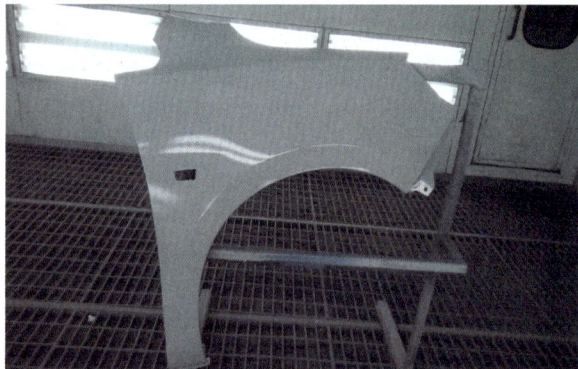

操作提示

（1）全湿层：比半湿层更湿润，能清晰的看见灯管的影子。

（2）闪干至哑光后才可加热烘烤。

（3）喷涂时，建议按先上后下、先里后外、先边后面的顺序进行喷涂。

（4）喷涂结束后，应检查喷涂质量，有必要时可及时补喷中涂漆。

（5）工作结束后，须及时清洗喷枪。

检查项目：

流挂：　　□无　　　　□轻微　　　　□严重

露底：　　□无　　　　□轻微　　　　□严重

漏喷：　　□无　　　　□轻微　　　　□严重

颗粒过粗：□无　　　　□轻微　　　　□严重

其他缺陷：＿＿＿＿＿＿＿＿＿＿＿＿＿＿＿＿＿＿＿＿＿＿＿＿＿＿＿＿

处理办法：＿＿＿＿＿＿＿＿＿＿＿＿＿＿＿＿＿＿＿＿＿＿＿＿＿＿＿＿

步骤五 干燥中涂漆

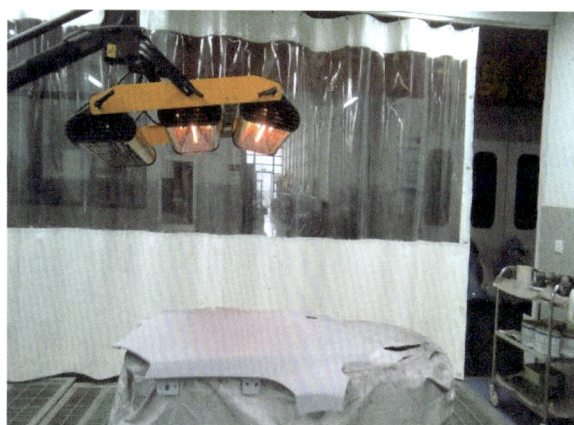

操作提示

(1)20℃下静置4~8小时;60℃下烘烤20~30min。烘烤温度过高,会造成涂膜起泡,甚至板件变形。

(2)用短波红外线烤灯加热时,距离须控制在80~100cm之间。

步骤六 打磨中涂漆

1.施涂打磨指示剂

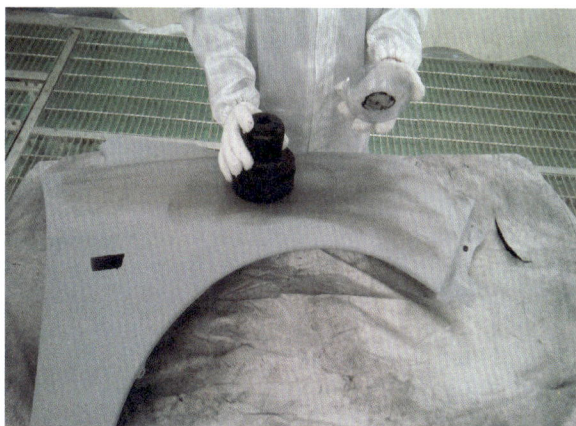

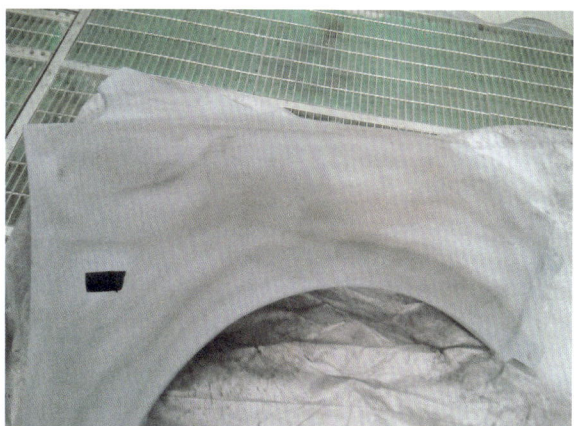

操作提示

打磨指示剂用量不宜过多,过多的指示剂容易残留在中涂漆表面难以清除。

2. 打磨板件正面

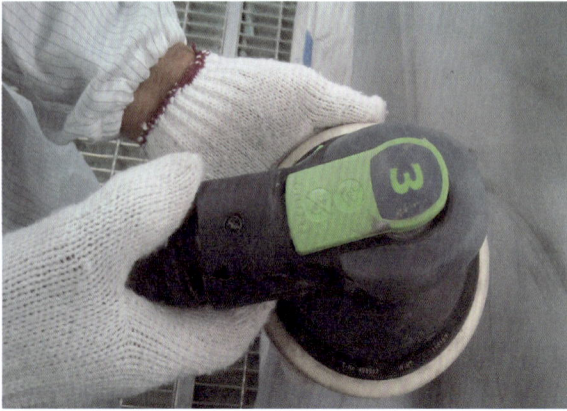

🔹 操作提示

（1）打磨前应确保中涂漆完全干燥。

（2）中涂漆打磨应选用3号打磨机，并根据面漆情况选用P400～P600号干磨砂纸。

（3）打磨机应先平放在工件上后再启动，以适当的速度来回挪动，不宜施加太大的压力，将中涂层上的橘皮磨透，研磨至无"黑点"（碳粉残留）即可。

（4）若中涂漆表面存在原子灰印、流挂等缺陷时，应在机械打磨前先用手刨板配合P320～P400号干磨砂纸打磨并消除缺陷，如下图所示。

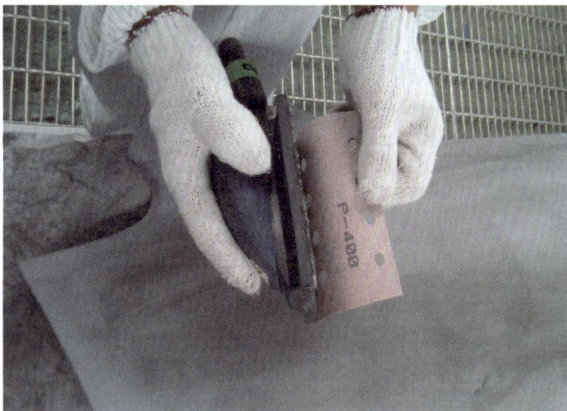

3. 打磨板件边缘

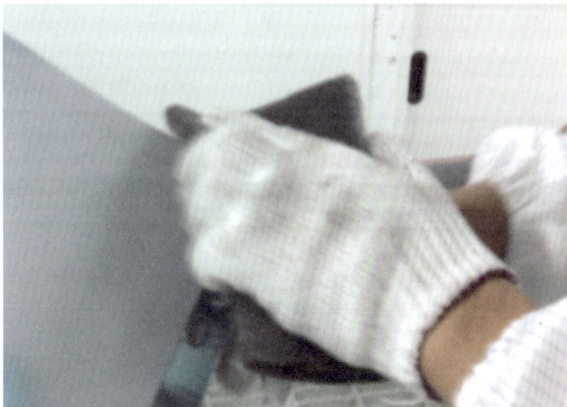

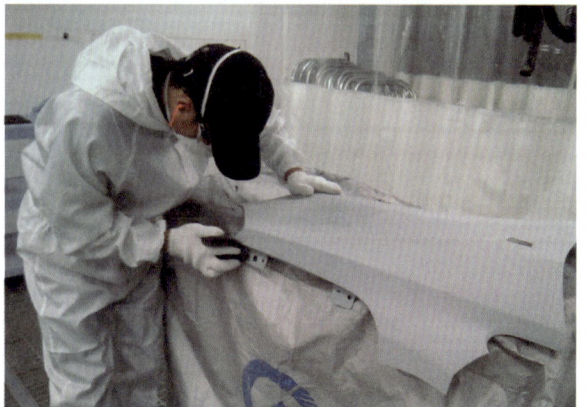

操作提示

使用灰色百洁布研磨时,应尽量增大研磨的接触面,同时注意力度。若接触面过小(如单指),用力过大,会产生比较严重的打磨痕迹。

4.检查打磨质量

检查项目:	
是否存在边角漏磨:□是　　□否	是否存在磨穿:□是　　□否
是否存在砂纸痕:　□是　　□否	是否存在橘皮:□是　　□否
其他缺陷:_____	

步骤七　清洁板件

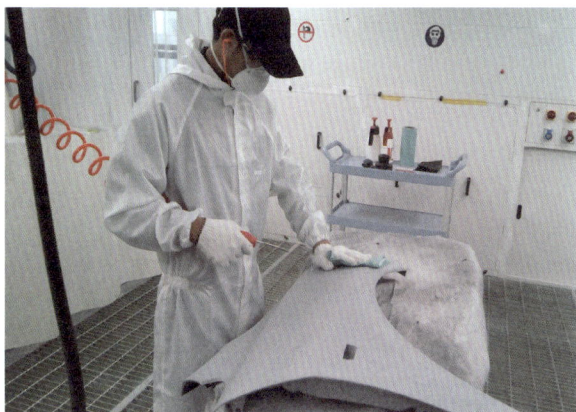

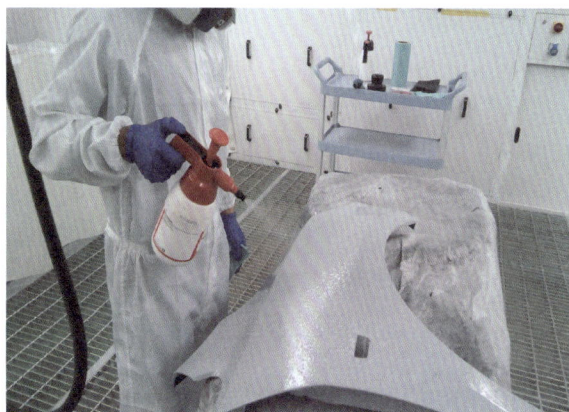

步骤八　7S 工作

剩余的耗材应盖紧密封并妥善归置。

涂料是否盖紧密封:	□是	□否
涂料是否妥善归置:	□是	□否
喷枪是否清洗干净:	□是	□否
喷枪等工具是否妥善归置:	□是	□否

清理场地卫生,按合规的方式及时妥善处理涂装垃圾和废料。

工位是否整理:	□是	□否
工作台是否清洁:	□是	□否
垃圾是否处理:	□是	□否
垃圾处理是否合规:	□是	□否

📑 **任务评价**

请根据活动完成情况填写表3-9。

中涂漆喷涂与打磨评价表   表3-9

学员编号：   学员姓名：   总得分：

考核时间	序号	项目	配分	评分标准	得分
30min	1	安全防护	5	未按工序规范穿戴防护用品，每项扣1分	
	2	清洁	2	未除油或除油方式不当，扣1分	
				未正确使用粘尘布（需充分展开再折叠后粘尘）扣1分	
	3	防锈	2	对露金属区域未使用环氧底漆，扣2分	
	4	中涂漆调配	6	灰值选用或调配错误，扣3分	
				固化剂、稀释剂选用或添加量不当，扣3分	
	5	喷涂过程及效果	30	喷枪选用错误或调节不当，扣3分	
				未进行试喷，扣1分	
				喷涂四要素掌握不熟，如喷涂距离不均匀，每项扣1分	
				喷涂下一层中涂漆前未合理闪干，扣2分	
				喷涂过程中打磨或缺陷补喷扣2分	
				未在限量中涂漆内完成喷涂扣3分	
				涂膜缺陷（流挂、橘纹重、漏喷、咬底等）：在边角或轮眉位置每5cm长为一处，每处扣2分；其他位置以每5cm×5cm范围为一处，每处扣3分	
	6	打磨过程	10	未选用正确的打磨工具扣3分	
				未选用正确的打磨砂纸及材料（灰色百洁布）扣3分	
				未采用正确的打磨方法（出现不合理的打磨方法，如打磨机角度过大）扣4分	
	7	打磨效果	40	有明显砂纸痕残留，每长1cm为一处，每处扣1分	
				打磨不彻底：橘皮未磨去每1cm×1cm之内为一处，每处扣1分	
				磨穿至金属：1cm×1cm之内为一处，每处扣1分	
	8	7S	5	工具设备及工位未复位扣2分	
				废弃物未丢弃至指定位置扣3分	
		分数合计	100	总得分	

评估人员姓名：   日期：

课后测评题

任务三　中涂漆喷涂与打磨

一、单选题

1. 中涂漆不具备的性能是(　　)。
    A. 附着力　　　　　B. 装饰性　　　　　C. 填充性　　　　　D. 耐溶剂性

2. 中涂漆具有(　　),施工后能够消除底材上的小砂孔。
    A. 配套性　　　　　B. 耐溶剂性　　　　C. 填充性　　　　　D. 耐水性

3. (　　)可以把原子灰及其以下的涂层封闭起来,以保证面漆的质量。
    A. 中涂漆　　　　　B. 底色漆　　　　　C. 清漆　　　　　　D. 环氧漆底

4. 中涂漆拥有良好的附着力、填充性能,以突显面漆的(　　)。
    A. 封闭性　　　　　B. 装饰性　　　　　C. 隔离性　　　　　D. 填充性

5. 在汽车修补涂装中,常用的中涂漆根据包装组分分为(　　)。
    A. 单组分和双组分　　　　　　　　B. 单组分和三组分
    C. 双组分和三组分　　　　　　　　D. 双组分和四组分

6. (　　)是介于底涂层与面漆层之间的涂料,俗称"二道浆"。
    A. 磷化底漆　　　　B. 环氧底漆　　　　C. 中涂漆　　　　　D. 银粉漆

7. 以聚氨酯树脂为漆基制成的中涂漆均为(　　)固化剂聚合型底漆。
    A. 单组分　　　　　B. 双组分　　　　　C. 三组分　　　　　D. 四组分

8. (　　)能够同时为底漆层和面漆层提供良好的附着力。
    A. 中涂漆　　　　　B. 环氧底漆　　　　C. 原子灰　　　　　D. 磷化底漆

9. (　　)能提供给面漆一个吸附性一致的涂装表面。
    A. 环氧底漆　　　　B. 磷化底漆　　　　C. 中涂漆　　　　　D. 原子灰

10. 中涂漆具有良好的防渗透性,可以提高(　　)的光泽度。
    A. 中涂漆　　　　　B. 环氧底漆　　　　C. 面漆　　　　　　D. 磷化底漆

11. 下列不是中涂漆应具备的特性的是(　　)。
    A. 小缺陷的填充性能好　　　　　　B. 打磨性能好
    C. 封闭性能好　　　　　　　　　　D. 光泽度好

12. 20℃时硝基中涂漆的工作黏度以(　　)s为最佳。
    A. 1~5　　　　　　B. 5~10　　　　　　C. 15~20　　　　　D. 25~30

13. 中涂漆不能直接喷涂在(　　)表面。
    A. 经研磨后的旧涂层　　　　　　　B. 原子灰
    C. 底漆　　　　　　　　　　　　　D. 裸金属

14. 硝基中涂漆在20℃时自然干燥的时间一般在(　　)左右。

    A.6 小时   B.3 小时   C.5 小时   D.30 分钟

15.丙烯酸中涂漆的喷涂距离一般为(   )mm。

    A.10～20   B.40～80   C.100～120   D.150～250

16.研磨中涂漆时,对于边角等机械不易打到的部位可采用(   )进行研磨。

    A.P180   B.P320   C.红色百洁布   D.灰色百洁布

17.下列关于中涂漆研磨操作的说法中,不正确的是(   )。

    A.采用软磨垫研磨   B.边缘部位可用红色百洁布研磨

    C.研磨前应先使用研磨指导层   D.研磨后的中涂漆应平整光滑

18.按照要求双工序面漆喷涂前,研磨中涂漆必须使用(   )砂纸。

    A.120   B.240   C.320   D.500

19.按照要求弧形面研磨中涂漆必须使用(   )。

    A.硬磨垫   B.软磨垫   C.超软磨垫   D.耐高温磨垫

二、判断题

1.中涂漆是指底漆与面漆之间的涂层。   (   )

2.中涂漆具有一定的装饰性能。   (   )

3.常用的中涂漆按包装组分可以分为单组分和双组分。   (   )

4.硝基中涂漆为双组分中涂漆,其填充性能较差。   (   )

5.中涂漆必须具有良好的隔离性能和良好的施工性能。   (   )

6.中涂漆必须具有阻止面涂层中的溶剂渗透到底涂层、原子灰、旧涂层的能力。(   )

7.喷涂中涂漆前一定要调整喷涂气压、枪距和出漆量。   (   )

8.中涂漆配比并搅拌均匀后,必须在使用时效内用完。   (   )

9.中涂漆必须按照供应商的要求配比进行调配。   (   )

10.高固中涂漆喷涂的厚度一般在30～40μm。   (   )

11.中涂漆干磨时应使用偏心距为5mm的双作用研磨机进行研磨。   (   )

12.研磨中涂漆时,必须用力压在涂膜上以保证中涂漆能研磨透彻。   (   )

面漆是车身最外层的涂层，是涂层组合中唯一可见的部分。为了满足车辆的装饰效果，保护底层涂膜及底材不受外界因素的影响，在面漆喷涂过程中，维修人员必须严格执行工艺标准，避免出现起花、流挂、漏喷、干燥不良等严重缺陷。

本任务主要介绍面漆的分类及其调配、喷涂、干燥等内容。通过对本任务相关知识的学习及技能训练，学生应能够熟练掌握素色、银粉及珍珠面漆的喷涂方法。

（1）知道汽车面漆的分类和特点。

（2）掌握不同面漆的施工方法，能按照标准工艺完成面漆的调配、喷涂及干燥作业。

（3）在操作过程中，能根据喷涂面积的大小准确预估面漆的用量，减少浪费，具有节约意识。

某车辆更换的翼子板已经完成中涂漆喷涂与打磨作业，如图4-1所示。现在需要对翼子板喷涂与原车车漆一致的面漆，以恢复车辆的外观颜色，并达到相应的装饰作用。

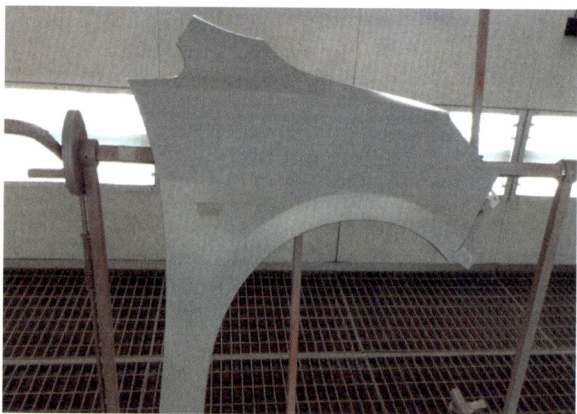

↑图4-1　完成中涂漆施工的翼子板

汽车车身涂装修复工从班组长处领取车辆维修工单，明确汽车面漆喷涂任务，查阅涂料产品手册及相关设备的使用说明，梳理汽车面漆喷涂作业流程与规范，按要求做好面漆喷涂前的准备与检查工作，根据作业流程完成面漆喷涂。作业完成后对漆面状态与效果进行自检，确认合格后交付班组长复检。

相关知识

1. 面漆的分类

面漆直接与各种气候条件及有害物质接触,是车身防腐蚀的第一道防线。耐候性是面漆的一项重要指标,要求面漆在极端温变湿变、风雪雨雹的气候条件下不变色、不失光、不起泡和不开裂;外观是面漆的另一项指标,要求漆膜外观丰满、无橘皮、鲜映性好;另外,面漆还应具有足够的硬度、抗石击性和抗腐蚀性等性能,使汽车外观在各种条件下保持不变。

汽车面漆的分类方式有很多,常见的有按施工工序不同、颜色效果不同和溶剂类型不同等分类方式。

1)按施工工序分类

面漆按施工工序可分为单工序面漆、双工序面漆和三工序面漆,施工工序不同,其涂层的组成结构也不同,详见表4-1。

2)按颜色效果分类

按颜色效果的不同,面漆可分为素色漆、银粉漆和珍珠漆,其特征详见表4-2。

不同施工工序的面漆特点与涂层结构 　　　　　　　　表4-1

工序	特点	涂层结构
单工序	喷涂1种涂料即完成着色和上光的面漆,如右图所示	 面漆 / 底漆/中涂底漆 / 底材
双工序	喷涂2种不同的涂料才能完成颜色供给及光泽的面漆,即先喷涂底色漆,然后再喷涂清漆,如右图所示	 清漆 / 底色漆 / 底漆/中涂底漆 / 底材
三工序	由3个涂层结合才能形成完整的面涂,即先喷涂底色漆着色,然后喷涂珍珠漆提供更丰富的色彩效果,最后再喷涂清漆,如右图所示	 清漆 / 透明珍珠层 / 底色漆 / 底漆/中涂底漆 / 底材

不同颜色效果的面漆特征 　　　　　　　　表4-2

面漆类型	颜色特征	颜色效果
素色漆	颜色单一,不含金属颗粒或云母颗粒	

面漆类型	颜色特征	颜色效果
银粉漆	在素色漆的基础上，添加不同尺寸、形状的铝粉颗粒，具有闪烁的金属质感。从正、侧面观察，颜色深浅有差异	
珍珠漆	在银粉漆的基础上添加不通透的云母颗粒，具有独特的闪光效果，色彩更加鲜艳、亮丽	
	在素色漆或银粉漆的表面再喷涂通透的云母颗粒，具有珍珠般的光晕或正、侧面颜色渐变的效果	

3）按溶剂类型分类

面漆按所用溶剂类型的不同，可分为溶剂型面漆和水性面漆。水性面漆相比溶剂型面漆在应用中可以减少溶剂用量 2/3 左右，大幅度降低有机溶剂的排放量，对环境更友好。

溶剂型底色漆与水性底色漆在除油要求与干燥方式上存在一定的差异，详见表4-3。

溶剂型底色漆与水性底色漆的施工差异　　　　　　　　　　表4-3

施工内容	溶剂型底色漆	水性底色漆
除油	使用单一的油性除油剂即可	需使用油性除油剂和水性除油剂，如 Aquabase PLUS 水性底色漆喷涂前需先使用水性除油剂 P980—8252，再使用油性除油剂 P850—14/1402
干燥	溶剂挥发速度快，一般采用自然干燥即可	以水作溶剂，干燥速度慢，需使用吹风筒进行加速干燥。如遇环境温度过低湿度过大，须升温加速干燥。 吹风筒的工作原理见图4-2

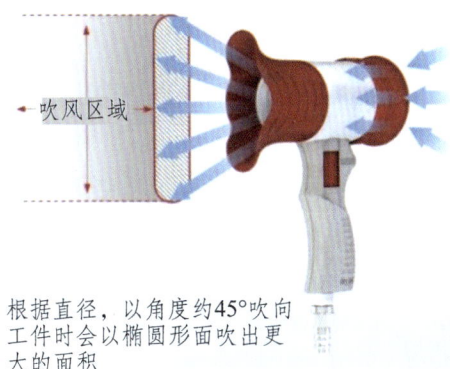

根据直径,以角度约45°吹向工件时会以椭圆形面吹出更大的面积

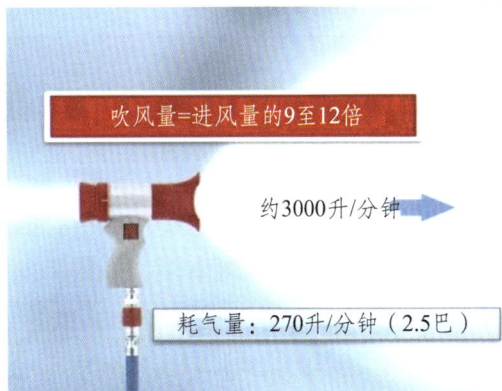

吹风量=进风量的9至12倍

约3000升/分钟

耗气量:270升/分钟(2.5巴)

↑ 图4-2 吹风筒的工作原理

2.清漆的分类

清漆是一种不含颜料的透明涂料。它主要由树脂、溶剂和助剂等组成,涂覆在车身表面后,能形成一层具有保护和装饰作用的薄膜。清漆可以使物体表面呈现出原本的色泽和质感,同时增加表面的光泽度和硬度。

目前,汽车用清漆按溶剂不同可分为溶剂型清漆和水性清漆;按固体含量高低可分为低浓清漆、中浓清漆和高浓清漆;按光泽度高低分可分为高光清漆和哑光清漆。

1)溶剂型清漆和水性清漆区别

溶剂型清漆和水性清漆除溶剂不同外,还有以下区别:

(1)干燥速度:溶剂型清漆干燥速度通常较快,而水性清漆干燥相对较慢。

(2)性能特点:溶剂型清漆在硬度、光泽等方面可能表现更出色,水性清漆的耐水性相对较弱。

(3)施工要求:水性清漆对施工环境要求较高,如温度、湿度等。

2)低浓清漆、中浓清漆和高浓清漆的区别

固体含量是清漆的一个重要的性能指标,指涂料中不挥发物质的质量占涂料总质量的百分比。它反映了清漆中有效成分的含量,固体含量越高,说明清漆中有效成分越多,成膜性能通常也越好。

通常情况下,低浓清漆固体含量约为30%;中浓清漆的固体含量约占40% ~ 50%;高浓清漆的固体含量可达60%以上。固体含量越高,清漆的浓度越大,硬度和光泽越好,价格也相对较高。

3)高光清漆和哑光清漆的区别

高光清漆能使汽车表面呈现出高亮光感,而哑光清漆则使表面呈现出柔和的无光泽或低光泽效果。一般情况下,高光清漆在60°角的光泽度可达到90%以上;而哑光清漆的光泽度一般在10% ~ 50%左右,如某品牌哑光清漆的光泽效果和调配比例可见表4-4。哑光清漆不可通过抛光解决漆面的尘点、流挂等缺陷,因此,施工的难度和要求均大于高光清漆。

某品牌哑光清漆的光泽效果和调配比例 表4-4

光泽效果	

续上表

调配比例	产品比例 光泽度	FC01 全哑光	FC02	FC03	FC04	FC005 半哑光
	60°角的光泽	10%	20%	30%	40%	50%
	D8115 全哑光	100%	70%	50%	30%	—
	D8117 半哑光	—	30%	50%	70%	100%

例如：需要使用60°角光泽为30%的哑光清漆，即哑光度为FC03，可通过50%的D8115＋50%的D8117以重量比混合调配得到。

准确掌握清漆的类型，严格按照规范施工，能有效提高涂装的质量。如果对所用清漆不够了解，建议在使用前详细阅读产品手册。

3. 不同类型的底色漆及清漆的喷涂要点

为了使面漆达到理想的附着力和遮盖力，匹配原厂颜色，控制漆膜厚度，防止出现溶剂泡、针孔、失光、发花等缺陷，绝大多数底色漆、清漆均采用多层喷涂的方式施工，且每一层喷涂的湿度（厚度）要求也不同。一般情况下，不同类型的底色漆、清漆各涂层的喷涂湿度可参考表4-5。

不同底色漆及清漆各涂层的湿度要求　　　　　　　　　　表4-5

面漆类型		各涂层湿度要求		
		第一层	第二层	第三层
单工序素色面漆		半干层	半湿层	全湿层
双工序素色底色漆		半干层	半湿层	半湿层
银粉漆或双工序珍珠漆		半干层	半湿层	效果层
三工序珍珠漆		半湿层	半湿层	效果层
高光清漆	低浓清漆	半湿层	半湿层	全湿层
	中浓清漆	半湿层	全湿层	—
	高浓清漆	半干层	全湿层	—
哑光清漆		全湿层	全湿层	—

半干层：喷涂完毕后，漆面应有略带湿润感，从漆面观察烤房灯光倒影，可看见比较模糊的灯管影子，略有反光即可。

半湿层：喷涂完毕后，漆面应湿润，从漆面观察烤房灯光倒影，可看见比较清晰的灯管影子，有明显反光现象。

全湿层：比半湿层更湿润，能清晰的看见灯管的影子。

效果层：喷涂完毕后，漆面无湿润感，从漆面观察无法看到灯管影子，无反光现象。

🌸 **操作提示**

（1）如遇遮盖力差的面漆（底色漆），可重复第二层的操作，直至达到理想的遮盖效果。

（2）大多数面漆（底色漆）喷涂前，应确认上一层漆膜的闪干情况。单工序素色面漆和清漆,可通过触碰非重要位置的漆膜,当漆膜达到触干时即可;双工序底色漆可以通过底色漆表面光泽判断,当表面光泽度降低至哑光时即可。

(3)少部分面漆也会采用连续喷涂的方式,层间无须闪干,如艾仕得的保美恒系列水性底色漆及高浓清漆,在使用前建议查阅产品手册。

任务准备

1. 班组分工

□ 组长 □ 安全员 □ 操作员 □ 质检员 其他_____

2. 检查场地

□ 施工区域通风　　□ 施工区域光线充足　　□ 气源正常　　□ 电源正常
□ 工位场地面积 _____　现场人数 _____　工位数 _____

3. 设备工具

□喷漆房　　　　□调漆工作台　　□电子秤　　　□调漆比例尺
□调漆杯　　　　□清漆喷枪　　　□色漆喷枪　　□喷枪清洗机
□耐溶剂喷壶　　□搅拌棒　　　　□洗眼器　　　□紧急喷淋装置
其他_____

4. 安全防护

□防静电喷涂服　　　□工作鞋　　　□棉纱手套　　□耐溶剂手套
□防溶剂面具　　　　□防尘口罩　　□护目镜　　　□耳塞
其他_____

5. 产品耗材

□色漆　　　□清漆　　　□固化剂　　□稀释剂
□清洁剂　　□纸漏斗　　□清洁布　　□粘尘布
其他_____

任务实施

以喷涂 Aquabase PLUS 水性银粉底色漆和 P190—6850 清漆为例(参考视频请扫描二维码)

面漆喷涂

步骤一 清洁除油,并检查板件是否满足面漆喷涂条件

喷涂面漆前的板件表面基本要求:

(1)待喷涂表面足够平滑,无粗砂纸痕、砂眼或橘皮等瑕疵。

(2)待喷涂表面干燥洁净,无尘无油。

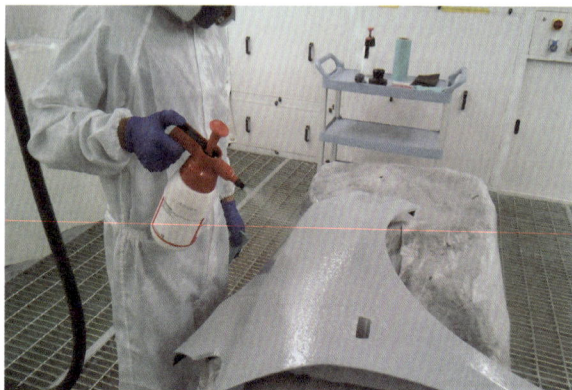 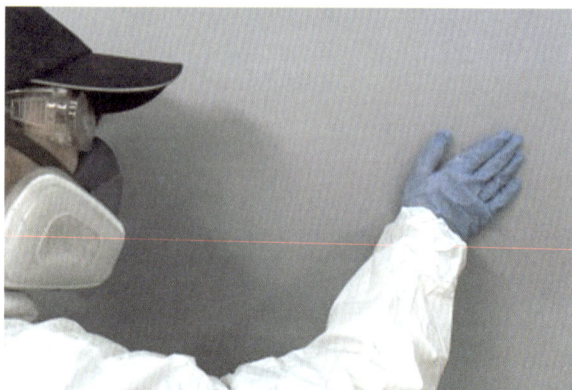

操作提示

(1)喷涂水性漆时需要使用油性和水性2种除油剂分别除油。2种除油剂的使用顺序应查阅产品手册。(Aquabase PLUS水性底色漆喷涂前应采用"先水后油"的顺序除油)

(2)如果有研磨不彻底或其他缺陷存在,应在喷涂前处理。

步骤二 调配底色漆

1.按颜色配方混合色母后稀释搅拌

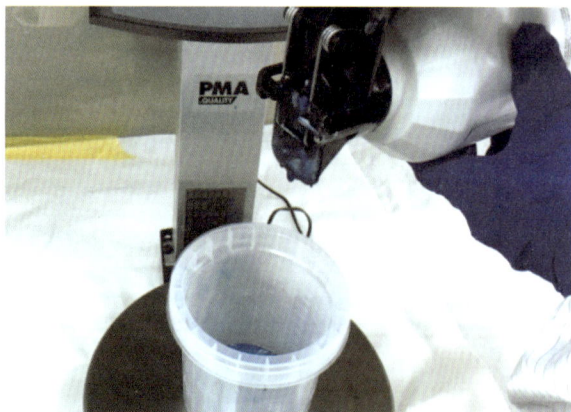 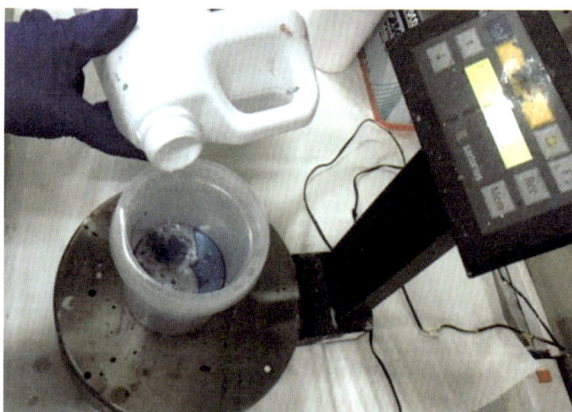

Aquabase PLUS水性底色漆稀释比例

底色漆类型	色漆用量	稀释剂用量
双工序纯色漆	1	10%
三工序珍珠漆的纯色层	1	10%
配方中银粉含量较少,远远少于纯色色母用量的	1	10%
含大量珍珠色母的双工序底色漆	1	10%

底色漆类型	色漆用量	稀释剂用量
双工序银粉/珍珠漆	1	10～15%
三工序珍珠漆的珍珠层	1	30%

操作提示

（1）色母使用前需搅拌均匀。大多数厂家的色母建议每天搅拌2次(早上1次,中午1次),每次15min左右。(Aquabase PLUS 水性底色漆色母使用前只需摇晃均匀即可,但需恒温存放)

（2）确保电子秤精准,摆放平稳,避免气流及振动影响称量精度。

（3）严格按照颜色配方添加色母用量。每次倒完漆后必清洁浆盖,防止涂料残留结块。

（4）严格按照产品手册要求选用及添加稀释剂。

（5）颜色混合必须均匀,调漆杯(一次性枪壶)壁上的油漆也搅拌均匀。

（6）搅拌时应同一方向轻轻搅拌,尽量减少气泡产生。

2.过滤后装入枪壶,选用1.25～1.3mm口径的重力式喷枪

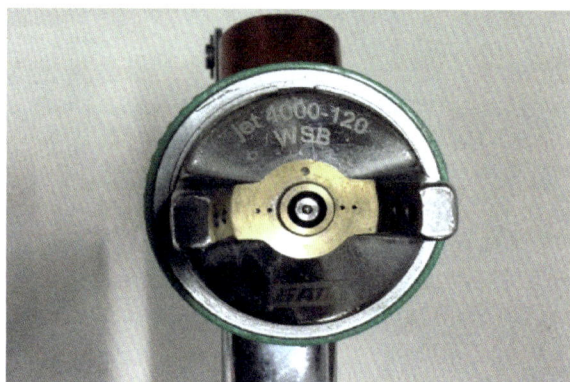

操作提示

过滤时应选用细度合适的过滤网,Aquabase PLUS 水性底色漆建议使用专用的125μm网眼尼龙过滤网。

步骤三 粘尘,去除残留灰尘

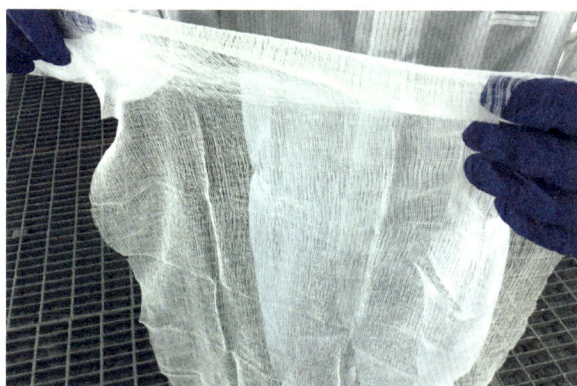

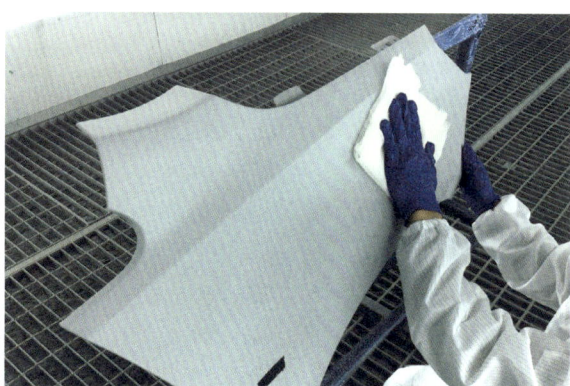

（1）粘尘布须完全展开后重新折叠成宽松状态。

（2）粘尘时用力适中，避免粘尘布上的树脂残留在喷涂表面。

（3）若间隔时间过久，粘尘前应先除油。

步骤四 喷涂底色漆

1. 喷涂第一层底色漆（半干层）

1）调节及测试喷枪

选用 SATA jet 4000 B HVLP WSB 喷枪喷涂 Aquabase PLUS 水性底色漆遮盖层时，喷枪调节可参考表4-6。

喷涂 Aquabase PLUS 水性底色漆遮盖层时的喷枪调节　　　　　　表4-6

出漆量	扇面	气压
打开2圈	打开3/4	1.3 ~ 1.5bar

2）喷涂半干层并闪干

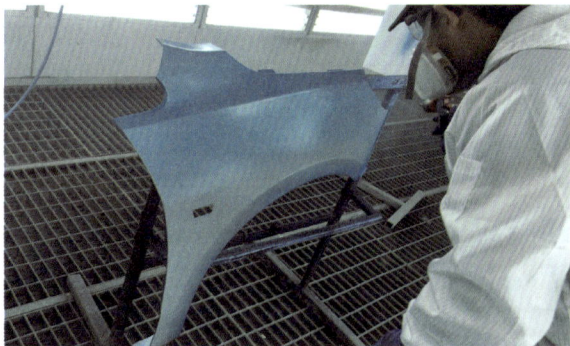

Aquabase PLUS 水性底色漆半干层的喷涂方法可参考表4-7。

Aquabase PLUS 水性底色漆半干层的喷涂方法　　　　　　表4-7

喷涂距离	喷涂速度	扇面重叠
20 ~ 25cm	40 ~ 50cm/s	2/3
15 ~ 20cm	60 ~ 80cm/s	1/2

操 作 提 示

（1）喷涂时应控制好漆膜厚度，从漆面观察烤房灯光倒影，可看见比较模糊的灯管影子，略有反光即可。

（2）闪干至哑光后才可喷涂下一层底色漆。

2. 喷涂第二层底色漆（半湿层）

Aquabase PLUS 水性底色漆半湿层的喷涂方法可参考表4-8。

Aquabase PLUS 水性底色漆半湿层的喷涂方法　　　　表 4-8

喷涂距离	喷涂速度	扇面重叠
15～20cm	30～40cm/s	3/4
13～17cm	50～60cm/s	2/3

操 作 提 示

（1）喷涂时应控制好漆膜厚度，漆面应湿润，从漆面观察烤房灯光倒影，可看见比较清晰的灯管影子，有明显反光现象。

（2）闪干至哑光后才可喷涂下一层底色漆。

（3）在使用吹风筒时，气压应调至2.5bar，从工件侧上方沿45°角吹向工件，并保持30～80cm的距离（漆膜越湿，距离应越远，否则，容易将漆膜吹皱）。

3. 喷涂第三层底色漆（效果层）

1）喷枪调节及测试

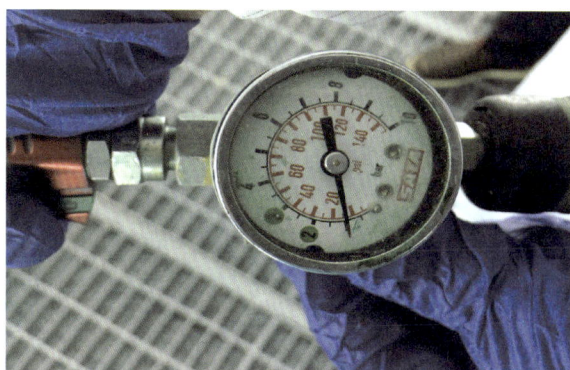

以 SATA jet 4000 B HVLP WSB 喷枪为例，具体调节可参考表4-9。

SATA jet 4000 B HVLP WSB 喷枪调节　　　　　表4-9

出漆量	扇面	气压
打开1圈	全开	1.1~1.2bar

2）喷涂效果层并闪干

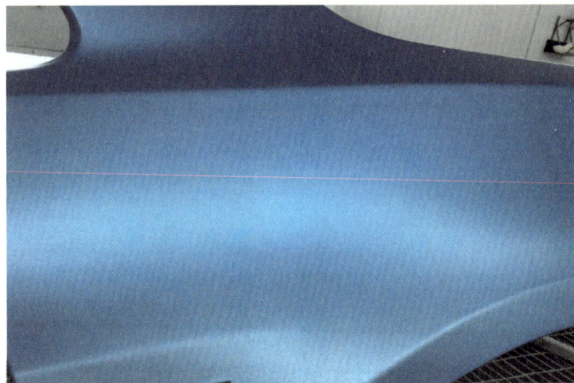

Aquabase PLUS 水性底色漆效果层的喷涂方法可参考表4-10。

Aquabase PLUS 水性底色漆效果层的喷涂方法　　　表4-10

喷涂距离	喷涂速度	扇面重叠
20~25cm	50~60cm/s	2/3
15~20cm	60~80cm/s	1/2

操作提示

（1）喷涂时应控制好漆膜厚度，漆面无湿润感，从漆面观察无法看到灯管影子，无反光现象。

（2）闪干后才可喷涂清漆。

步骤五　　检查底色漆喷涂质量

检查项目：

发花：　　□无　□轻微　□严重　□返工

露底：　　□无　□轻微　□严重　□返工

漏喷：　　□无　□轻微　□严重　□返工

尘点：　　□无　□轻微　□严重　□返工

颗粒过粗：□无　□轻微　□严重　□返工

其他缺陷：_____

处理办法：_____

步骤六 **调配清漆**

1. 按比例添加固化剂、稀释剂,搅拌均匀并过滤后装入枪壶

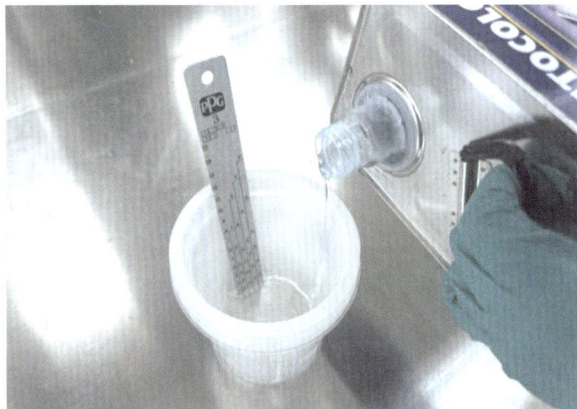
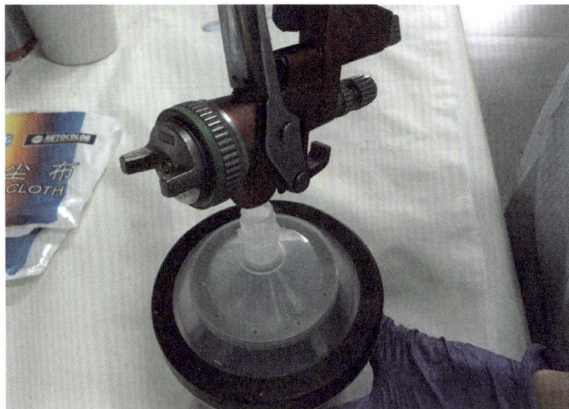

P190—6850 清漆调配比例如表 4-11。

P190—6850 清漆调配比例   表 4-11

清漆	固化剂	稀释剂
P190—6850	P210—8430/844	P850—2K
2 份	1 份	0~5%

混合后的黏度在 20℃时为 DIN4 杯 17~18s,使用寿命 2~4h

2. 选用 1.25~1.3mm 口径的重力式喷枪,调节喷涂参数并试喷

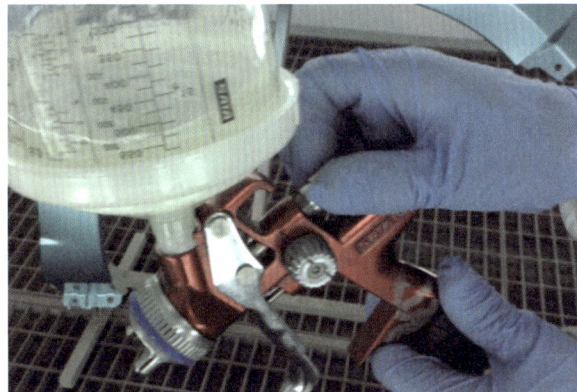

整板喷涂时的喷枪调节参数可参考表 4-12。

整板喷涂时的喷枪调节   表 4-12

出漆量	扇面	气压
全开	全开	2.0bar

步骤七 **喷涂清漆**

P190—6850 清漆建议喷涂两个单层(中湿层 + 全湿层),总膜厚应达到 50~60μm,喷涂

方法可参考表4-13。

清漆中湿层和全湿层喷涂方法 表 4-13

湿度效果	喷涂距离	喷涂速度	扇面重叠
中湿层	20~25cm	50~60cm/s	1/2
全湿层	15~20cm	60~70cm/s	2/3

1. 喷涂第一层中湿层

操作提示

（1）中湿层喷涂后，面表应有湿润感，可通过观察喷烤漆房内照明灯的倒影来判断，看见比较清晰的灯管影子即可。

（2）喷涂全湿层前应留足闪干时间，可触碰非重要位置的漆膜判断干燥情况。

（3）当漆面闪干至指触不拉丝时即可喷涂全湿层。

2. 喷涂第二层全湿层

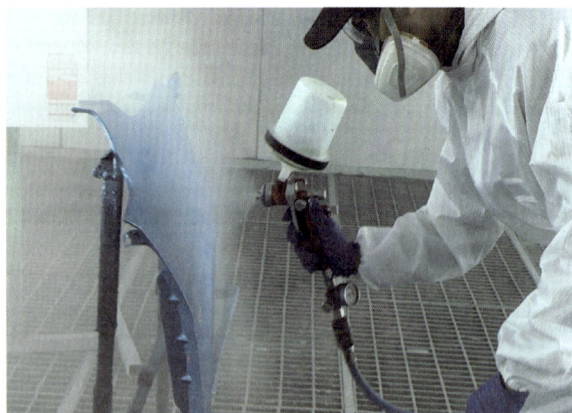

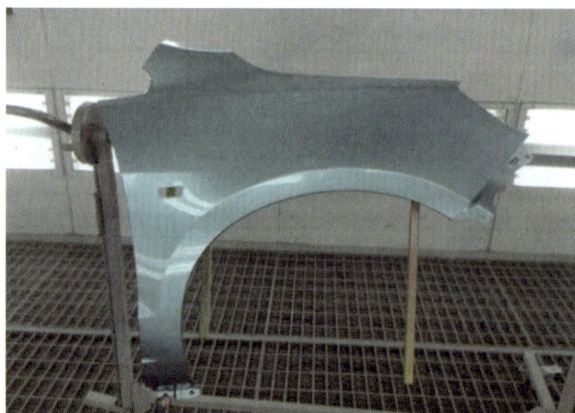

操作提示

（1）全湿层应比上一道清漆更湿润，能清晰的看见灯管的影子。

（2）喷涂后须马上检查喷涂质量，若有漏喷、橘皮过重等缺陷存在时应立即补喷。

（3）升温烘烤前应闪干10min。

（4）烘烤时漆面温度须控制在 60℃，并保持 30min。

（5）烘烤完成后，在漆面尚未冷却前去除与漆面相接的胶带。其余的遮蔽纸、遮蔽膜则可以保留用于抛光时的保护。

步骤八 7S 工作

剩余的耗材应盖紧密封并妥善归置。

涂料是否盖紧密封：	□是	□否
涂料是否妥善归置：	□是	□否
喷枪是否清洗干净：	□是	□否
喷枪等工具是否妥善归置：	□是	□否

清理场地卫生，按合规的方式及时妥善处理涂装垃圾和废料。

工位是否整理：	□是	□否
工作台是否清洁：	□是	□否
垃圾是否处理：	□是	□否
垃圾处理是否合规：	□是	□否

任务评价

请根据活动完成情况填写表 4-14。

汽车面漆喷涂评分表　　　　表 4-14

学员编号：　　　　学员姓名：　　　　总得分：

考核时间	序号	项目	配分	评分标准	得分
30min	1	清洁	5	除油方法不当或错误扣2分	
				喷涂前未对工件粘尘扣2分	
				粘尘布使用方法错误，直接用拆封粘尘布对喷涂区域进行粘尘扣1分（未做充分展开动作）	
	2	面漆喷涂过程	25	喷枪调节参数不当，每次扣2分	
				喷涂前未进行试喷，每次扣2分	
				色漆或清漆喷涂时层间未闪干，每次扣5分	
	3	施工效果	55	底色漆效果：露底、起花等缺陷，每5cm×5cm范围或第5cm长度之内为一处，每处扣3分	
				清漆效果：清漆漏喷、过薄、橘皮重、流挂等缺陷，在边角或轮眉位置每5cm长为一处，每处扣2分；其他位置以每5cm×5cm范围为一处，每处扣3分	

考核时间	序号	项目	配分	评分标准	得分
30min	4	安全防护	5	整个操作过程中有一项防护用品佩戴错误或未戴,不得分	
	5	7S	10	喷涂过程中出现安全问题,扣3分	
				未将使用过的垃圾放到指定位置,扣1分	
				喷枪未清洗或清洗不干净,扣2分	
				涂料未盖紧包装,每件扣1分	
分数合计			100	总得分	

评估人员姓名： 日期：

课后测评题

任务四　面漆喷涂

一、单选题

1. 面漆按颜色效果可分为纯色漆、(　　)和珍珠漆。
   　A. 银粉漆　　　　　　B. 醇酸漆　　　　　　C. 硝基漆　　　　　　D. 修补漆

2. (　　)面漆是指先喷涂色漆,然后再喷涂罩光清漆,两种涂层结合在一起才能形成有质量保证的完整的面漆层。
   　A. 单工序　　　　　　B. 双工序　　　　　　C. 三工序　　　　　　D. 四工序

3. 面漆按(　　)可分为溶剂挥发型、氧化型等等。
   　A. 成膜物质种类　　B. 颜色效果　　　　C. 固化机理　　　　D. 面漆工序

4. (　　)面漆指喷涂同一种涂料就能形成完整的面漆层。
   　A. 双工序　　　　　　B. 单工序　　　　　　C. 三工序　　　　　　D. 四工序

5. 单工序面漆调配时,固化剂及稀释剂的加入量必须(　　)进行调配。
   　A. 多加百分之十　　　　　　　　　B. 按照涂料供应商的规定
   　C. 少加百分之十　　　　　　　　　D. 多加百分十五

6. 汽车涂装常用的单工序面漆主要是(　　)。
   　A. 金属漆　　　　　　C. 珍珠漆　　　　　　C. 纯色漆　　　　　　D. 清漆

7. 目前,汽车修补涂装上常用的单工序面漆主要以(　　)油漆为主。
   　A. 3K　　　　　　　　B. 1K　　　　　　　　C. 2K　　　　　　　　D. 4K

8. 单工序面漆喷涂时,喷幅的最小重叠为(　　)。
   　A. 二分之一　　　　B. 三分之一　　　　C. 四分之三　　　　D. 五分之一

9. 单工序面漆喷涂前打磨的砂纸最粗为(　　)干磨砂纸。
   　A. P400　　　　　　　B. P320　　　　　　　C. P240　　　　　　　D. P120

10. 单工序面漆喷涂后其膜厚应不小于(　　)μm,要求涂膜表面光滑、光亮,无橘皮。
    　A. 10　　　　　　　　B. 30　　　　　　　　C. 50　　　　　　　　D. 100

11. 在喷涂单工序面漆时,采用(　　)喷涂方法最为合适。
    　A. 雾、湿、湿　　　　B. 湿、湿、雾　　　　C. 湿、雾、湿　　　　D. 雾、湿、雾

12. 喷涂时的喷涂路线有纵行重叠法、横行重叠法和(　　)。
    　A. 倾斜重叠法　　B. 画圆重叠法　　C. 弧形重叠法　　D. 纵横交替重叠法

13. 单工序面漆一般喷涂2～3遍,第一遍喷涂完毕以后应待漆面(　　)后,再喷涂下一遍。
    　A. 哑光　　　　　　B. 彻底干燥　　　　C. 干燥并打磨　　　　D. 指触不拉丝

14. 下列双工序底色漆中,不含金属颗粒的是(　　)。

A.珍珠漆　　　　　　B.银粉漆　　　　　　C.变色漆　　　　　　D.纯色漆

15.双工序底色漆一般喷涂(　　)层,以全部均匀遮盖为准。

A.1　　　　　　B.2~3　　　　　　C.5~6　　　　　　D.7~8

16.最后一遍喷涂银粉漆可适当的降低涂料的粘度,略提高喷涂的气压,薄而均匀的喷涂一遍,以利于银粉颗粒的(　　)。

A.抗击能力　　　　B.保护能力　　　　C.防水能力　　　　D.分布和排列

17.银粉漆是在树脂中加入片状的(　　)颗粒,以产生金属闪光的效果。

A.铁粉　　　　　　B.铜粉　　　　　　C.云母　　　　　　D.铝粉

18.银粉漆中的铝粉的排列并不是有序的,对光线的反射角度不同造成了银粉漆本身的(　　),因此,必须喷涂清漆罩光后才能显现出光泽度。

A.无光效果　　　　B.保护效果　　　　C.密封效果　　　　D.附着效果

19.喷涂银粉漆时,一般采用(　　)喷涂方法最合适。

A.湿、湿、雾　　　B.雾、湿、湿　　　C.雾、雾、湿　　　D.雾、湿、雾

20.珍珠漆的金属闪光颜料是表面镀有金属氧化物的(　　)颗粒。

A.铁粉　　　　　　B.铜粉　　　　　　C.铝粉　　　　　　D.云母

21.三工序珍珠漆是由纯珍珠漆、清漆和(　　)组成。

A.纯底色漆　　　　B.底漆　　　　　　C.原子灰　　　　　D.银粉漆

22.喷涂纯珍珠漆一般喷涂(　　)层或视车体颜色决定。

A.1~2　　　　　　B.3~4　　　　　　C.6~7　　　　　　D.7~8

23.汽车双工序面漆的光泽度主要是靠面漆的(　　)来实现的。

A.原子灰　　　　　B.清漆　　　　　　C.防锈底漆　　　　D.环氧底漆

24.喷涂高浓度清漆时,一般只需喷涂(　　)层就可达到良好的光泽和丰满度。

A.1.5　　　　　　B.3　　　　　　　　C.4　　　　　　　　D.5

25.下列清漆产品中,施工最快捷,VOC释放最少的是(　　)清漆。

A.低浓度　　　　　B.中浓度　　　　　C.高浓度　　　　　D.超高浓度

26.喷涂中浓度清漆时,一般需要喷涂(　　)层才可达到良好的光泽和丰满度。

A.8　　　　　　　　B.6　　　　　　　　C.4　　　　　　　　D.2

27.烘烤温度达到(　　)℃以上容易造成仪表、塑料件的变形。

A.60　　　　　　　B.70　　　　　　　C.85　　　　　　　D.50

28.烘烤温度达到(　　)℃以上容易造成燃油起火、爆炸。

A.60　　　　　　　B.70　　　　　　　C.80　　　　　　　D.90

29.利用红外线烤灯对涂膜加热时,其烘烤温度应控制在(　　)℃。

A.60　　　　　　　B.70　　　　　　　C.80　　　　　　　D.90

30.烘烤时间过短,会造成涂膜(　　)。

A.干燥透彻　　　　B.干燥不透彻　　　C.光泽度高　　　　D.硬度高

二、判断题

1.单工序面漆是指喷涂同一种涂料就能形成完整的面漆层。　　　　　　　　　　(　　)

2. 双工序面漆和单工序一样都不需要喷涂清漆层。 （ ）

3. 在汽车修补中常用的单工序面漆主要为双组分纯色漆。 （ ）

4. 单工序面漆喷涂前必须先喷涂一遍树脂。 （ ）

5. 2K 面漆调配好以后,必须在规定时间内使用完。 （ ）

6. 常用的 2K 面漆只需喷涂 1 遍,就能达到良好的光泽和丰满度。 （ ）

7. 单工序面漆喷涂后可以不必喷涂清漆。 （ ）

8. 双工序面漆一般分为纯色漆、银粉漆和珍珠漆。 （ ）

9. 双工序银粉底色漆喷涂,每次加料都要搅拌均匀,以防止银粉颗粒的沉淀。 （ ）

10. 银粉漆的遮盖力比一般素色漆的遮盖力高,通常喷涂 20~30μm 的膜厚即可完全遮盖底层。 （ ）

11. 银粉漆的主要由成膜物质、颜料、铝粉颗粒、溶剂和分散剂等组成。 （ ）

12. 纯珍珠漆喷涂的层数越多越好。 （ ）

13. 珍珠漆一般分为通透型和不通透型两种。 （ ）

14. 清漆包装上标有"HS",则表示该清漆产品属于高浓度清漆。 （ ）

15. 多数高浓度清漆施工时,可连续喷涂 1.5 层,无需闪干。 （ ）

16. 对涂膜烘烤时,温度越高越好,这样可以缩短干燥时间。 （ ）

17. 涂膜烘烤的温度越高,涂膜质量越好。 （ ）

漆面质检与抛光

任务介绍

全面、细致、严谨的质量检查是企业发展的灵魂和竞争的核心。质量关系到企业的盈利，关系到企业的生存与发展。质量是企业的生命，那质检工作就是守住质量关口的"哨岗"，严谨细致地发现问题，准确有效地预防和处理缺陷，为高质量生产保驾护航，是每一位汽车涂装修复工应有的职责。

在汽车涂装修复中，受施工环境、工具设备、材料及维修人员技术水平等因素的影响，漆面会出现各种各样的缺陷，如流挂、尘点、橘皮、砂纸痕等等。维修（质检）人员应熟悉常见涂装缺陷的种类、产生原因及处理措施，科学的分析涂装过程中的各项因素，确定缺陷产生的具体原因，提供有效的预防方法和正确的处理措施。涂膜表面的缺陷（如清漆表面的流挂、尘点等）往往可通过抛光的手段恢复漆面应有的状态，确保车辆顺利交付。

学习目标

（1）能够辨识涂装缺陷，科学的分析涂装过程中的各项因素，确定缺陷产生的具体原因。

（2）能够按照规范的流程实施研磨与抛光作业，研磨、抛光后的漆面效果达到交车标准。

（3）操作过程中，能树立严谨的工作态度，具备反复分析、综合判断、解决问题的能力。

情景导入

某事故车辆的右前翼子板涂装后漆面出现轻微流挂，如图5-1所示。现在需要查找该缺陷形成的成因，制定预防的措施，并对缺陷进行研磨与抛光处理，使漆面达到交付标准。

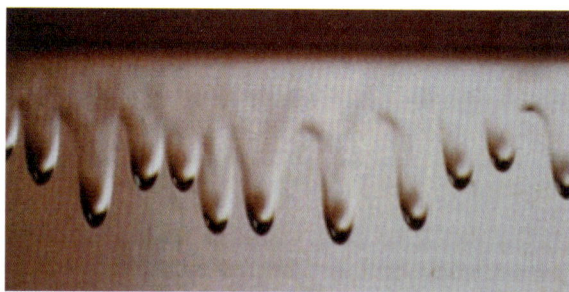

↑图5-1　涂装后漆面出现的流挂

任务描述

汽车车身涂装修复工从班组长处领取车辆维修工单，明确汽车漆面质检与抛光任务，查阅漆面抛光产品资料及相关设备的使用说明，梳理质检、抛光作业流程与规范，按要求做好质检、抛光前的准备与检查工作，根据作业流程进行汽车漆面质检与抛光作业。漆面抛光作业完成后进行自检，确认合格后交付班组长复检。

相关知识

1.涂装过程中常见的涂膜缺陷及其产生原因、处理措施

涂装过程中出现的涂膜缺陷种类很多，一般与被涂物的表面状态、选用的涂装材料、涂装工艺、涂装环境、涂装工具设备及施工作员的技术水平等因素有关。现将汽车涂装工作中常见的涂装缺陷、产生原因及处理措施介绍如下：

1）尘点

涂装时或刚涂装完的湿漆膜附着灰尘或异物，造成涂膜整体或局部表面呈颗粒状凸起的现象称为尘点（或颗粒）如图5-2所示。

↑图5-2 尘点（颗粒）

（1）产生原因

①涂装环境的空气清洁度差。喷烤漆房的空气未经过滤或过滤不当。

②被涂物表面不清洁，在喷涂前未用粘尘布擦净。

③喷烤漆房内环境差，有灰尘积存或在喷烤漆房内进行打磨作业等。

④车辆缝隙、沟槽处的灰尘未除净或使用品质不佳的遮蔽纸。

⑤压缩空气未过滤或过滤不当。

⑥涂料中混有异物，在使用前未经过滤。

⑦涂料变质，如漆基析出，颜料分散不佳或产生凝聚，有机颜料析出，银粉漆分散不良等。

⑧施工人员带来的灰尘，如工作服上的灰尘及纤维等。

（2）处理措施

①涂膜表面的尘点可待漆膜完全干固后，采取研磨抛光的方法补救。

②尘点处于表层涂膜下或影响面积过大的应待涂膜干固后，打磨平整并重新喷涂。

2）流挂

流挂是指在喷涂或干燥过程中，因喷涂过厚涂料向下聚集流淌产生不均一的条纹状、波纹状或帘幕状的现象，如图5-3所示。

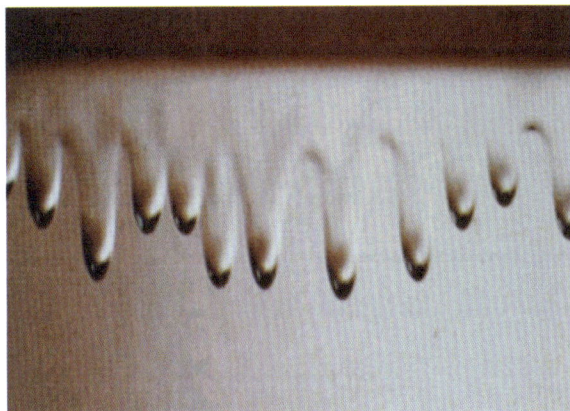

↑图5-3 流挂

（1）产生原因

①喷涂操作不当，如喷幅重叠过多、喷涂距离过近、移动速度过慢等造成单次成膜过厚。

②涂料调配不当，施工黏度偏低或选用稀释剂不正确。

③被涂物表面过于光滑或表面温度过低。

④各涂层之间的闪干时间不充分。

⑤喷枪的选择和调试不当，所选用喷枪口径过大，出漆量调节过大。

⑥喷涂环境温度过低。

（2）处理措施

①表层涂料的流挂可待漆膜完全干固后，采取研磨抛光的方法补救。

②流挂处于表层涂膜下或影响面积过大的应待涂膜干固后，打磨平整并重新喷涂。

3）缩孔

涂料受被涂物表面存在的或涂料中混入的异物（如蜡、油或硅酮等）的影响，不能均匀附着在涂装表面，出现类似于火山口状的大小不等的凹陷的现象称为缩孔（或鱼眼），如图5-4所示。

⬆ 图5-4　缩孔（鱼眼）

（1）产生原因

①所用涂料的表面张力高，流平性差，对蜡、油或硅酮等异物敏感。

②调漆工具或涂装设备不洁净，有异物混入涂料中。

③被涂物表面不干净，有油、蜡、硅酮等异物附着。

④涂装车间中空气不清洁，有油雾、漆雾、蜡雾等。

⑤压缩空气未过滤或过滤不当。

（2）处理措施

①处于车身中线以下不明显部位的轻微缩孔，数量较少时可在漆膜未干燥之前用小毛笔蘸取相同涂料仔细填补，并待干燥后研磨抛光。

②缺陷在明显部位或数量较多比较严重时，应待涂膜干固后，打磨平整并重新喷涂。

4）发花

发花是指在喷涂银粉漆时，由于银粉分布或排列不匀，导致漆膜颜色深浅不一的现象，如图5-5所示。

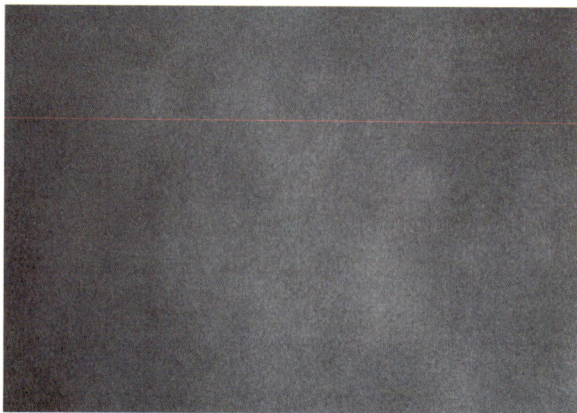

⬆ 图5-5　发花

（1）产生原因

①喷枪状态不佳，雾化差或有跳枪等问题存在。

②压缩空气的气压不稳定，喷涂环境温度偏低。

③喷涂操作不熟练，喷幅重叠、喷涂距离、移动速度等不一致。

④稀释剂选用不当，涂料黏度过高或过低。

⑤喷涂环境过于潮湿或层间闪干不充分。

（2）处理措施

①若未喷涂清漆，轻微的发花可待涂层闪干后，再喷涂一薄层银粉漆。如果发花严重，应打磨去除后重新喷涂。

②若已经喷涂罩光清漆，则需待清漆干燥后打磨并重新喷涂。

5）橘皮

橘皮是指涂料喷涂后，不能形成平滑的表面而出现类似橘子皮状的凹凸现象，如

图 5-6 所示。

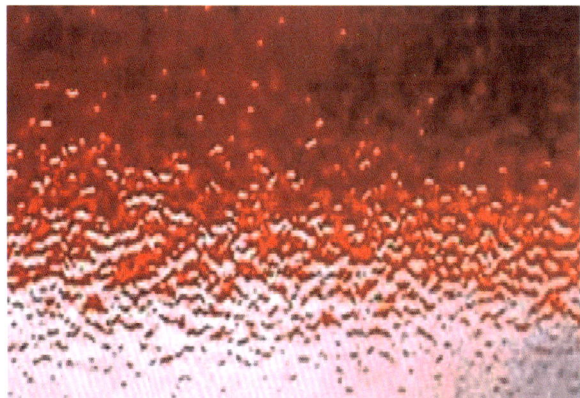

↑图 5-6 橘皮

（1）产生原因

①涂料黏度大，流平性差，稀释剂选择不当。

②喷涂气压低，出漆量过大或喷涂工具不佳，导致涂料雾化不良。

③喷涂操作不熟练，喷幅重叠过少、喷涂距离过远、移动速度过快等造成单次成膜过薄。

④被涂物表面温度和环境温度偏高，喷烤漆房内风速过大，稀释剂挥发过快。

⑤被涂物表面不光滑，如中涂漆表面的橘皮未彻底打磨。

（2）处理措施

①处于表层且轻微的橘皮可待漆膜完全干固后，采取研磨抛光的方法补救。

②因被涂物表面不平滑引起的橘皮或影响面积过大较严重的橘皮，应待涂膜干固后，打磨平整并重新喷涂。

6）针孔

针孔是指涂膜上产生类似针尖小孔或皮革毛孔状的现象，如图 5-7 所示。

（1）产生原因

①连续喷涂过厚，层间闪干时间不充分。

②稀释剂选用不当，表面干燥过快。

③涂料中混入其他物质，如溶剂性涂料中混入水分等。

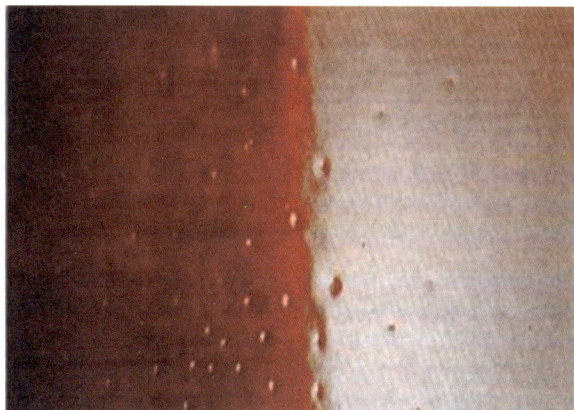

↑图 5-7 针孔

④涂装后闪干不充分，烘烤升温过急。

⑤被涂物表面有水分或环境湿度过高。

⑥被涂物表面温度或环境温度过高。

（2）处理措施

涂层表面出现针孔时，应彻底打磨清除针孔后重新喷涂。

7）咬底

因新喷涂料中的溶剂溶解下层涂膜，使下层涂膜表面产生皱纹、胀起的现象称为咬底，如图 5-8 所示。

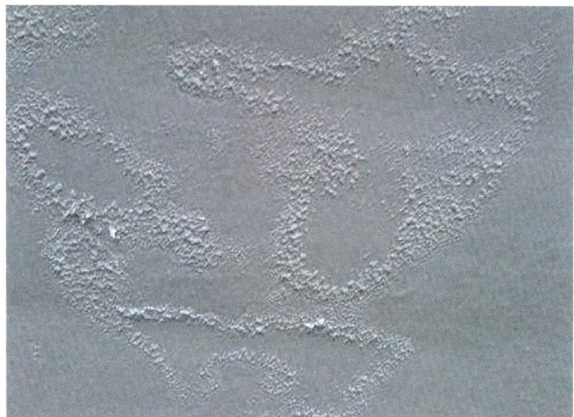

↑图 5-8 咬底

（1）产生原因

①下层涂膜未完全干燥或固化剂使用量不正确。

②涂料不配套，含有能溶胀下层涂料的强溶剂。

③下层涂膜质量不好，使用单组分涂料。

④新喷涂料连续喷涂过厚,或使用慢干的固化剂、稀释剂。

⑤新喷涂料层间闪干时间过短,或喷涂时气温过低。

（2）处理措施

①若缺陷轻微,可待涂膜干燥后彻底打磨,去除所有咬底痕迹后重新喷涂。

②若咬底严重或因咬底导致涂膜干燥变慢,则应将缺陷部位涂膜全部铲除至底材后重新涂装。

8）砂纸痕

砂纸痕是指涂料未能遮盖砂纸打磨残留的印迹,在涂膜上仍能清楚地看到打磨痕迹的现象,如图5-9所示。

⤴ 图5-9　砂纸痕

（1）产生原因

①所选用的打磨砂纸太粗或质量差。

②打磨工具的状况不良或操作不当。

③砂纸由粗到细跳号幅度过大。

④涂料黏度过低或使用过于慢干的稀释剂。

⑤打磨时涂层未干透(或未冷却)。

（2）处理措施

①对于较轻微的砂纸痕,可待漆面干燥后经过研磨、抛光就可以处理掉或处理至不明显。

②对于较重的砂纸痕,无法通过研磨抛光去除,需待漆面完全干固后重新打磨涂装。

9）原子灰印

喷涂面漆后,原子灰部位沿边缘出现印迹,这种缺陷称之为原子灰印,如图5-10所示。

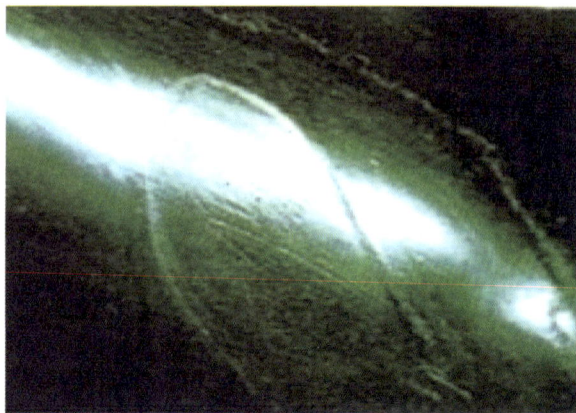

⤴ 图5-10　原子灰印

（1）产生原因

①羽状边处理不合格或原子灰刮涂在单组分涂料上。

②原子灰固化剂添加过多或过少,造成固化不良。

③原子灰未完全干燥即进行下一步骤的施工。

④原子灰平整度不够,与周围旧漆或金属相比较高或较低。

⑤原子灰吸附上层涂料中的溶剂而下陷。

（2）处理措施

一旦出现原子灰印,就需要打磨原子灰印部位,重新刮涂原子灰后喷涂中涂漆、面漆。

2.汽车漆面研磨与抛光的工具、材料

目前,汽车用研磨、抛光的工具、材料品类繁多、型式多样,工作中操作人员必须选用合适的工具、材料,并正确操作,才能提高工作效率和质量,满足客户需求。

1）抛光机

（1）抛光机的组成

电动抛光机工作稳定,是目前应用最广

泛的漆面缺陷修复的工具，一般由把手、调速按钮、电源开关、锁扣按钮、碳刷、散热口、抛光盘、自锁按钮、机头、电机、电源线及插头等部件组成，如图 5-11 所示。

抛光机各部件的功能及常见问题见表 5-1。

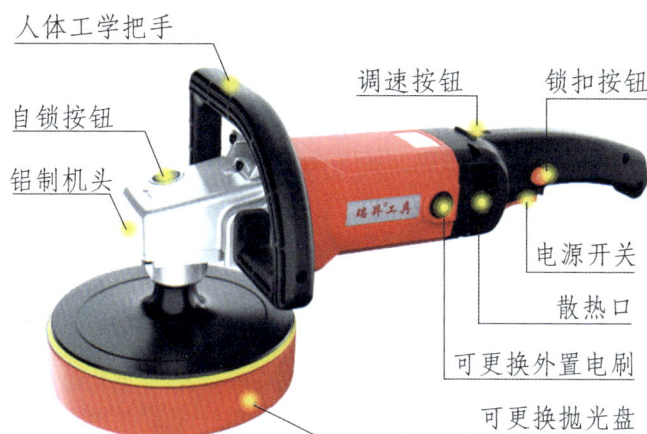

⤊ 图 5-11　抛光机的组成

抛光机各部件的功能及常见问题　　　　　　　　　　　　　　　　表 5-1

部件名称	功能	常见问题
把手	方便操作者握持和控制	螺纹损坏
调速按钮	调整抛光机的转速	无法正常运作、转速不稳定
锁扣按钮	维持电源开关在常通状态	无法锁止
自锁按钮	更换抛光盘时锁止机头，便于拆装	无法锁止
电刷	将电能传递至电机	磨损
散热口	散发电机运转产生的热量	—
抛光盘	用于接触和抛光汽车表面	破损
电机	提供动力	不工作
机头	传递动能，安装抛光盘	旋转轴卡死、螺纹损坏
电源开关	接通电源	接触不良
电源线及插头	连接电源	绝缘层或插头破损

操作提示：当抛光机存在故障时，应请专业人员维修，切不可自行拆检修理

（2）抛光机的握持方法

通常情况下右手紧握直把，左手紧握横把，由左手向作业面垂直用力，使转盘与作业面保持基本平衡，如图 5-12 所示。

如果因个人习惯或抛光位置限制，也可将横把安装到右侧，采用左手握直把，右手握横把的方式操作，如图 5-13 所示。

2）抛光盘

（1）抛光盘的分类

抛光盘是抛光机的重要组成部分，其品

类繁多,按照所用材料不同,可分为海绵盘、羊毛盘等,如图5-14所示。

↑图5-12　左手握持横把

↑图5-13　右手握持横把

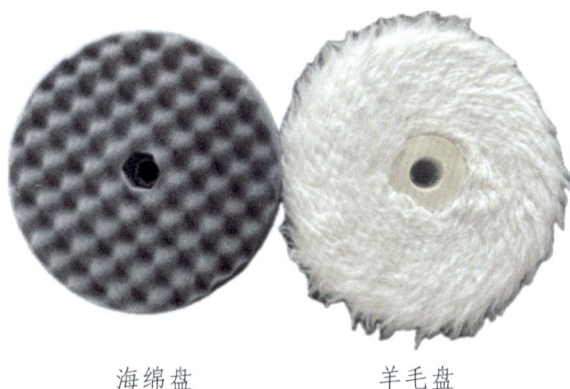

海绵盘　　　　　　羊毛盘

↑图5-14　按材质分类

海绵盘又有质地软硬和有无波纹区分,如图5-15所示。

按其尺寸又可分为2、3、4、5、6、7、8寸等抛光盘,需要根据不同的抛光需求和抛光机型号来选用合适的尺寸,如图5-16所示。

硬质平底海绵盘　　　软质波纹底海绵盘

↑图5-15　海绵盘的分类

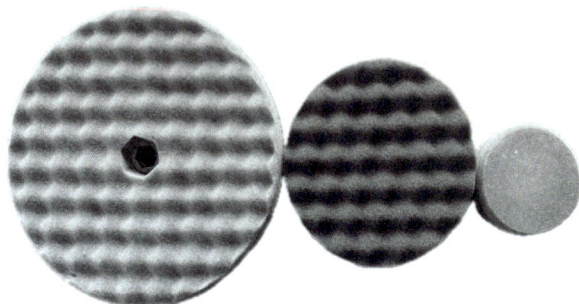

↑图5-16　按尺寸分类

一般情况下,羊毛盘、平底海绵盘及硬质波纹底海绵盘适合粗抛,柔软的波纹底海绵盘适合细抛;7、8寸的抛光盘适合大面积的抛光,2、3寸的抛光盘配合点抛机适合点抛作业,如图5-17所示。

↑图5-17　点抛机

(2)抛光盘的清洁

正确的清洁方法能保持抛光盘的最佳性能和清洁度,提高工作效率,避免漆面因抛光盘不洁净而产生划痕。抛光盘的清洁方法见表5-2。

抛光盘的清洁方法　表 5-2

适用情况	清洁方法	图示
抛光过程中出现切削力下降	先用专用清洁刷轻轻刷除抛光盘表面残留的蜡和碎屑，再用压缩空气吹净，如图右所示	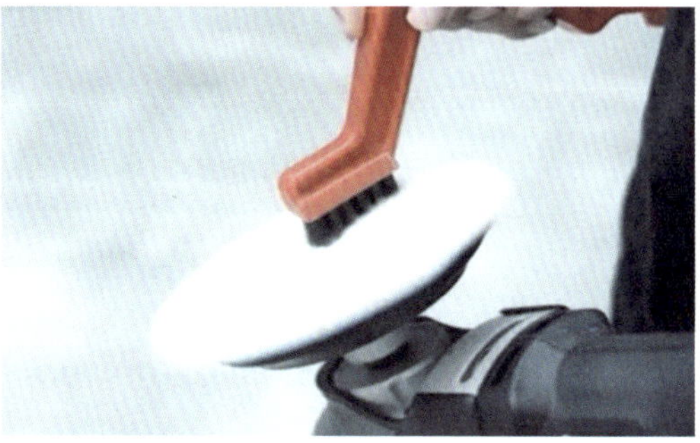
抛光结束或长时间放置	将抛光盘放入清水（温水清洗效果更佳）中，加入少量清洁剂，用手轻轻从盘中心向边缘挤压，将吸附的抛光蜡挤出，洗净后在通风良好的地方晾干，如图右所示	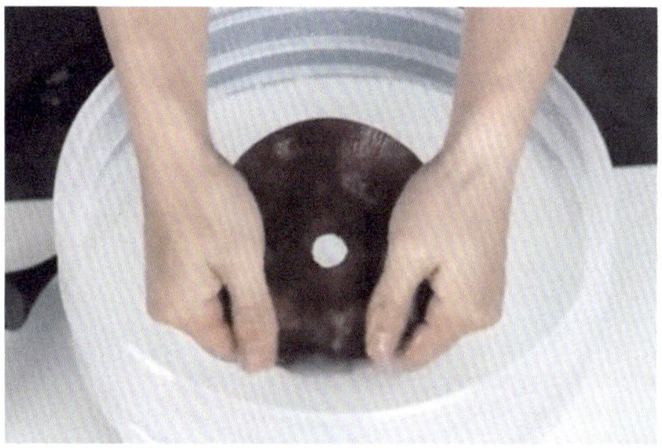

海绵材质的抛光盘在清洁过程中要注意力度，避免大力刮刷、撕扯、挤压，防止损坏。

抛光盘洗净后，应先挤压去除水分，然后用抛光机甩干，再放在通风良好的地方晾干，切勿暴晒。晾干后，将抛光盘存放于干燥、清洁的环境中。

（3）其他常用的工具、材料详见表 5-3。

常用的工具、材料　表 5-3

名称	图片	特点及作用
漆面刨刀	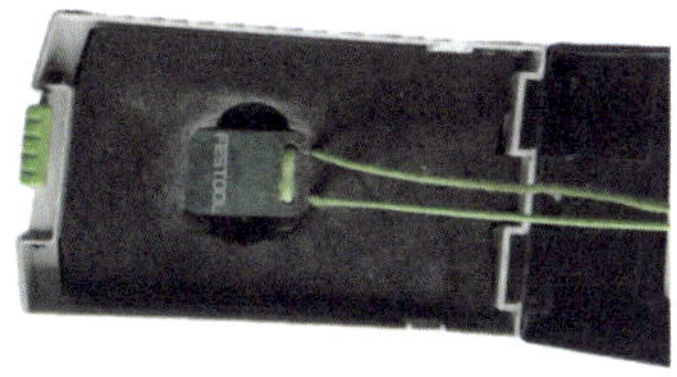	体积小，携带方便，用于漆面凸起状缺陷的刨平处理
打磨板	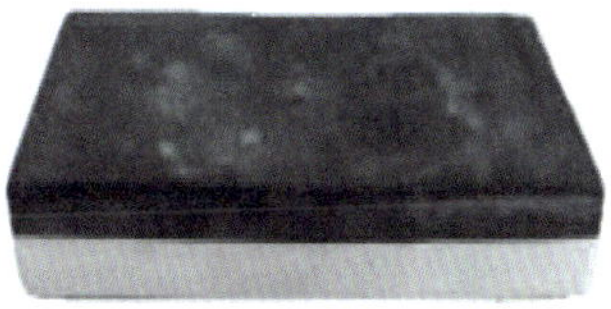	打磨板用于手工去除缺陷，有不同的尺寸和形状，且质地软硬不同，需根据缺陷种类及面积大小合理选用

名称	图片	特点及作用
研磨材料		常用的品类有水磨砂纸和精磨砂棉，需根据缺陷种类选用或搭配使用。常用的型号有 P1000、P1500、P2000、P3000 等，使用得越细，抛光效果越好
喷壶		容量大，雾化效果较好，操作方便。用于喷洒清水，以降低抛光面的温度
抛光盘清洁刷		用于刷除抛光盘表面残留的蜡和碎屑，以恢复抛光盘应有的切削力
抛光蜡		抛光蜡也称抛光剂，可以分为粗蜡和细蜡。粗蜡研磨力较大，用于清除研磨痕迹，恢复漆面光泽；细蜡又称镜面蜡，研磨力小，用于去除粗蜡的抛光痕迹，提升抛光效果
纯棉毛巾		质地柔软对车漆无损伤，可用于擦拭车身残留蜡渍和手工抛光。目前市面上也出现了效果更好的超细纤维擦拭布用于抛光作业

3.汽车漆面研磨与抛光的基本技术要点

（1）研磨抛光前要确保车辆清洁，防止车身附着的沙、尘损伤车漆。

（2）缺陷处理需要根据缺陷的具体情况，选用合适型号的打磨工具及材料依次研磨去除。

（3）无论是手工抛光还是机械抛光，都应注意抛光路线，应以车身纵向平行线为准往复运动，每次抛光面积不要超过 50cm × 50cm，抛光轨迹之间须覆盖 1/3。切记不可无规则运动或作环形运动。

（4）使用抛光机前先检查抛光盘是否清洁、是否与托盘粘结牢固、是否对在中心位置、螺母是否上紧。

（5）抛光蜡用量要适中，不宜过多，置于抛光面后用抛光盘的接触面涂抹均匀。

（6）抛光盘与被抛面的倾角应小于 30°，并遵循分块施工，从上而下，从左至右的路线移动原则。

(7)抛光时,要时刻关注漆面抛光的效果,控制好抛光机的转速,避免在同一处停留时间过久。

(8)抛光过程中,需要保持漆面湿润避免抛光蜡结块,造成划痕。

(9)抛光过程中需要佩戴好相关的个人安全防护用品。

任务准备

1. 班组分工

| □ 组长 | □ 安全员 | □ 操作员 | □ 质检员 | 其他_____ |

2. 检查场地

□施工区域通风　　□施工区域光线充足　　□气源正常　　□电源正常
□工位场地面积_____　　现场人数_____　　工位数_____

3. 设备工具

| □太阳灯 | □漆面刨刀 | □抛光机 | □喷壶 | □工具车 |
| □打磨板 | □洗眼器 | □紧急喷淋装置 | 其他_____ | |

4. 安全防护

| □喷漆工作服 | □工作鞋 | □棉纱手套 | □耐溶剂手套 |
| □防溶剂面具 | □防尘口罩 | □护目镜 | □耳塞 |
其他_____

5. 产品耗材

□平底抛光盘	□波纹底抛光盘	□粗蜡	□细蜡
□镜面蜡	□纯棉毛巾	□水性记号笔	□纸胶带
□遮蔽材料	□清洁剂	□清洁布	□P1000 水磨砂纸
□P1500 水磨砂纸	□P2000 水磨砂纸	□P2500 水磨砂纸	
□P3000 水磨砂纸	□P1000 精磨砂棉	□P1500 精磨砂棉	
□P2000 精磨砂棉	□P2500 精磨砂棉	□P3000 精磨砂棉	
其他_____

任务实施

以尘点抛光为例(参考视频请扫描二维码)

漆面质检与抛光

步骤一 质量检验

使用目测、手触等方法仔细查找漆面存在的缺陷，做好标记，防止遗漏。

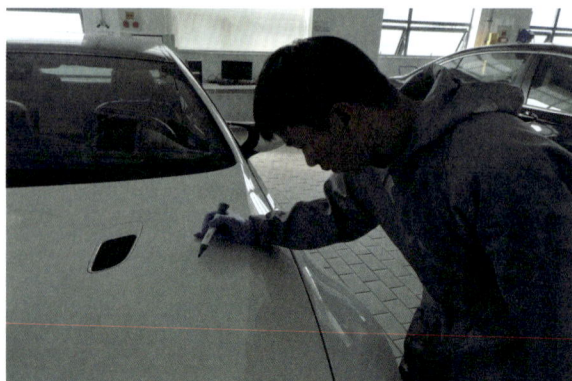

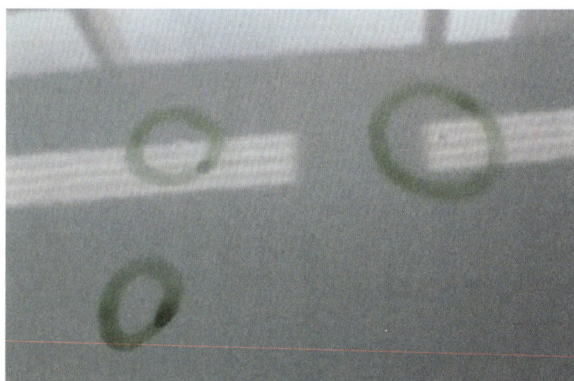

操作提示

（1）检查时应确保光线充足，避免阳光直射。

（2）发花应从多个角度观察，并与板件保持适当的距离（一般保持2～3m）。

（3）原子灰印、砂纸痕等缺陷应迎光检查。

（4）用纸胶带粘贴的方式标记缺陷，避免遗漏（或使用水性记号笔标记）。

请在工件上标注出缺陷位置，并填写汽车涂装质量检查记录表5-4。

汽车涂装质量检查记录表   表5-4

缺陷类型	缺陷程度			缺陷所在涂层			处理措施
尘点	□无	□轻微	□严重	□底漆　□原子灰　□中涂漆 □底色漆　□清漆			
流挂	□无	□轻微	□严重	□底漆　□原子灰　□中涂漆 □底色漆　□清漆			
缩孔	□无	□轻微	□严重	□底漆　□原子灰　□中涂漆 □底色漆　□清漆			
发花	□无	□轻微	□严重	□底漆　□原子灰　□中涂漆 □底色漆　□清漆			
橘皮	□无	□轻微	□严重	□底漆　□原子灰　□中涂漆 □底色漆　□清漆			
针孔	□无	□轻微	□严重	□底漆　□原子灰　□中涂漆 □底色漆　□清漆			
咬底	□无	□轻微	□严重	□底漆　□原子灰　□中涂漆 □底色漆　□清漆			

缺陷类型	缺陷程度	缺陷所在涂层	处理措施
砂纸痕	□无　□轻微　□严重	□底漆　□原子灰　□中涂漆 □底色漆　□清漆	
原子灰印	□无　□轻微　□严重	□底漆　□原子灰　□中涂漆 □底色漆　□清漆	
其他			

填写人：　　　　　　　　　　　　　　　　　　　　　　　　日期：

步骤二　成因分析

请根据质量检验结果,结合实际施工过程中的具体情况,分析缺陷形成的原因,制定切实可行的整改方案,填写漆面缺陷分析报告表5-5。

漆面缺陷分析报告表　　　　　　　　　　表5-5

序号	项目	结论
1	缺陷描述	
2	产品及 工艺记录	
3	检验方法	
4	成因分析	
5	整改建议	

填写人：　　　　　　　　　　　　　　　　　　　　　　　　日期：

步骤三 确认漆面缺陷，做好遮蔽防护

涂层表面的缺陷，可通过研磨抛光的方法解决。在抛光前应确保漆面已达到干固要求，并遮蔽保护周围部件、饰条，防止抛光蜡附着，增大车辆清洗、清洁难度。

缺陷类型：□尘点　　□流挂　　□橘皮　　□缩孔

其他：＿＿＿＿＿＿＿＿＿＿＿＿＿＿＿＿＿＿＿＿＿＿＿＿＿＿＿＿＿＿＿＿＿＿＿＿

研磨抛光是否能解决该缺陷：□是　　□否

原因：＿＿＿＿＿＿＿＿＿＿＿＿＿＿＿＿＿＿＿＿＿＿＿＿＿＿＿＿＿＿＿＿＿＿＿＿

步骤四 去除缺陷

1. 选用 P1000-P2500 号水磨砂纸配合大小适合的打磨板，依次研磨去除缺陷，为抛光提供良好的基础。

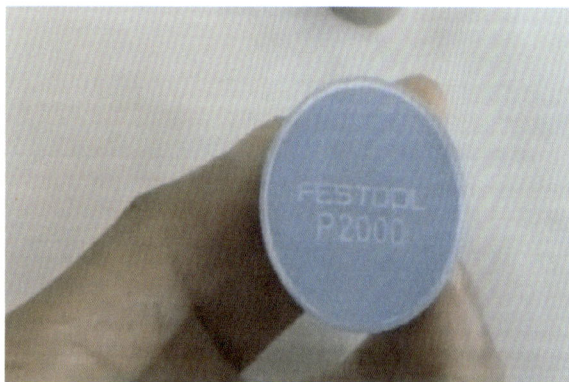

操作提示

（1）凸起严重的缺陷（如严重的流挂），可先用漆面刨刀刨至基本平整后再研磨。

（2）较严重的缺陷应从 P1000 号砂纸开始研磨并逐步更换更细的砂纸；轻微的缺陷（如尘点）可从 P1500-P2000 号砂纸开始研磨。

（3）研磨较严重的缺陷（大面的流挂）前，在缺陷周边薄刮一层大小适当的原子灰用于保护漆面，防止过度研磨导致磨穿。

（4）稀疏的缺陷（如尘点）应单独点磨；密集的可成片研磨。

(5)研磨过程中应保持漆面足够湿润,根据研磨情况及时更换砂纸(砂纸更换跳号建议不超过500)。

(6)水磨砂纸应适当浸泡变软后使用,研磨时应避免出现严重的砂纸痕。

(7)时刻关注缺陷状况,必要时清洁并擦干漆面进行检查,防止过度研磨。

(8)通过触摸或多角度目测的方法检查研磨效果,确保缺陷完全清除。

(9)手工研磨去除缺陷后,建议使用3号打磨机配合相应型号的精磨砂棉去除手工研磨痕迹,以提高抛光的效果。

2.擦干水分,检查缺陷。若未彻底去除,应再次研磨。

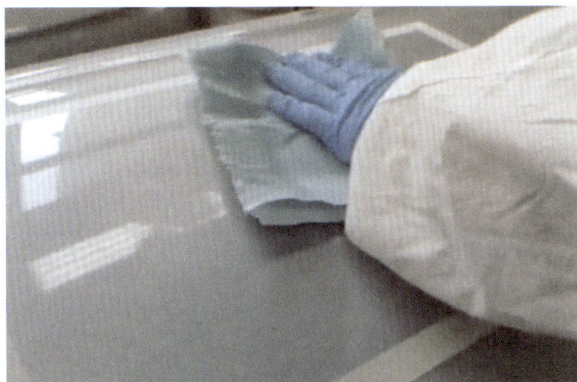

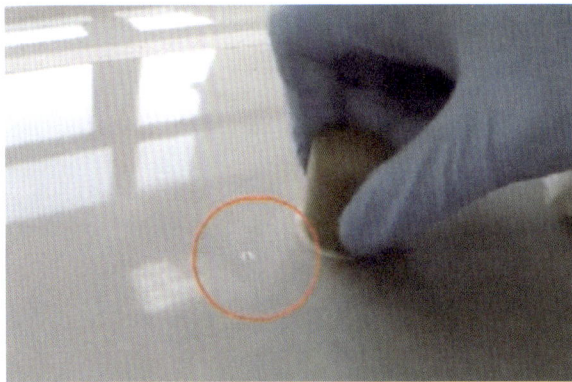

检查项目:

缺陷是否有残留:□是　□否　处理措施:＿＿＿＿＿＿＿＿＿＿＿＿＿＿＿＿

漆面是否有严重砂痕:□是　□否　处理措施:＿＿＿＿＿＿＿＿＿＿＿＿＿＿

漆面是否有磨穿:□是　□否　产生原因:＿＿＿＿＿＿＿＿＿＿＿＿＿＿＿＿

3.使用3号打磨机配合P2000-P3000号的精磨砂棉去除手工研磨痕迹,以提高抛光的效果。

💧 操作提示

(1)精磨砂棉逐步更换,使用的型号越大,后继抛光的效果越好。

(2)机械研磨时应关闭干磨设备的吸尘功能。

步骤五　　粗抛

1.选用粗抛抛光盘并安装牢固

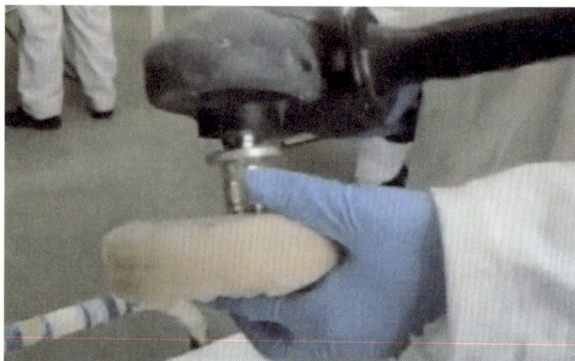

操作提示

(1)粗抛前应清洁漆面,去除研磨残留的污物,检查抛光盘是否清洁。
(2)粗抛也可选用羊毛轮、全棉轮、混纺毛轮或质地较硬的波纹底海绵轮。
(3)操作前应适当润湿抛光盘,转动抛光机去除脱落绒毛及甩掉过多水分。
(4)安装后,检查抛光机与抛光盘是否安装牢固。

2.取适量粗蜡,用抛光盘涂抹均匀

操作提示

(1)抛光蜡取用适量,避免浪费。
(2)用抛光盘的抛光面将蜡涂抹均匀,此时切勿接通抛光机开关,以免将蜡甩飞。

3.粗抛去除研磨痕迹,恢复漆面光泽

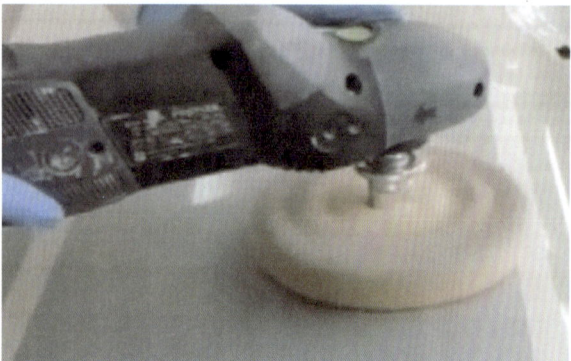

操作提示

（1）粗抛时，抛光机转速应控制1000～1500r/min，同时对漆面施加适当压力并根据抛光效果逐步减小。

（2）粗蜡切削力较大，同一部位停留时间不得过长，一般如A4纸大小的抛光面单次移动时间不超过1min。

（3）时刻关注漆面效果，初步恢复光泽，消除砂纸研磨痕迹即可，切勿过度抛光。

（4）每一步抛光结束后，建议使用清洁增艳剂配合超细纤维擦拭布清洁漆面上残留的蜡渍，以便漆面呈现真实的效果，方便判断检查。

检查项目：

研磨痕迹是否有残留：□是 □否 处理措施：_____

漆面是否恢复光泽：□是 □否 处理措施：_____

漆面是否有严重抛光痕：□是 □否 产生原因：_____

漆面是否有抛穿：□是 □否 产生原因：_____

步骤六 细抛

1.选用细抛抛光盘并安装牢固

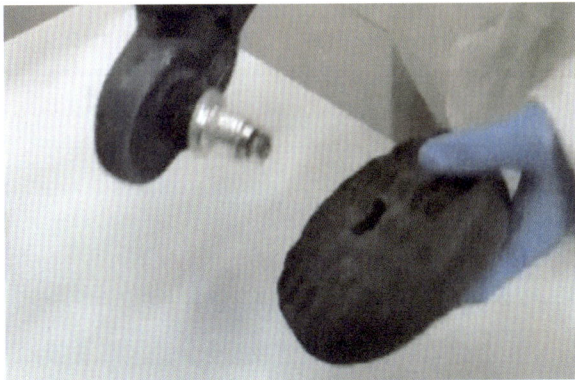

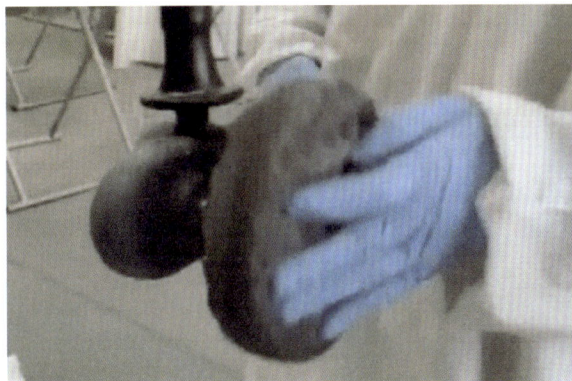

2.取适量细蜡，并涂抹均匀

3.精细抛光，去除抛光纹，提升漆面效果

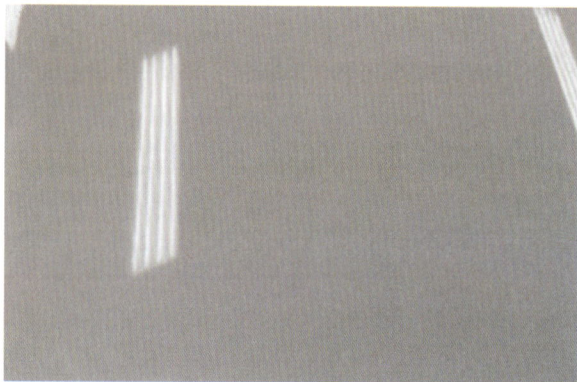

操作提示

（1）细抛前应清洁漆面，去除残留的粗蜡，并检查抛光盘是否清洁。

（2）细抛时抛光机转速应控制在1500～2000r/min。

（3）初始时以中等压力压住抛光盘匀速抛光，待抛光纹抛除后放松压力将蜡抛开，恢复漆面镜面光泽。

（4）利用太阳灯检查漆面抛光纹，确保漆面达到交付标准。施加压力过大、抛光盘角度过大、抛光蜡过粗、漆面不洁净均会产生抛光纹。

检查项目：

抛光痕是否有残留：□是 □否 处理措施：_____

漆面是否有抛穿：□是 □否 产生原因：_____

处理方法：_____

步骤七 揭除遮蔽，清除残留蜡渍

抛光结束后，应揭除遮蔽，及时清除残留蜡渍，避免抛光蜡干结形成难以去除的污渍。

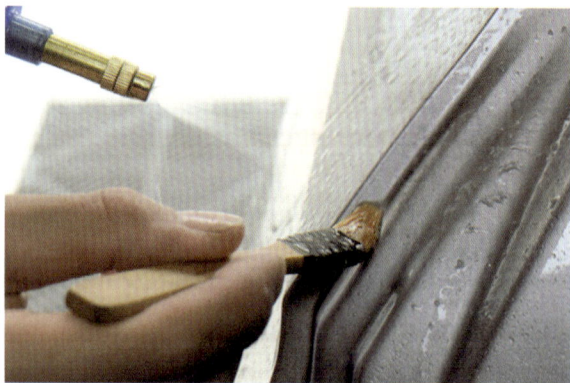

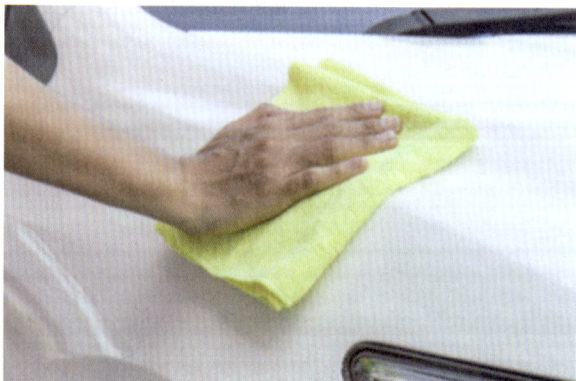

操作提示

（1）因新涂装的漆面较软，7天内不建议做常规清洗，否则，易产生发丝划痕。

（2）板件接缝内的蜡渍应用柔软的湿毛刷清洗，避免损伤漆面。

（3）漆面残留的蜡渍用纯棉毛巾擦拭。

检查项目：
遮蔽是否清除干净：□是　□否　原因：＿＿＿＿＿＿＿＿＿＿＿
抛光蜡是否有残留：□是　□否　原因：＿＿＿＿＿＿＿＿＿＿＿

步骤八　7S 工作

剩余的耗材应盖紧密封并妥善归置。

抛光蜡是否盖紧密封：　　　　□是　　　□否
砂纸、抛光蜡是否妥善归置：　□是　　　□否
抛光盘是否清洁干净：　　　　□是　　　□否
擦拭毛巾是否清洁干净：　　　□是　　　□否

清理场地卫生，按合规的方式及时妥善处理涂装垃圾和废料。

工位是否整理：　　　□是　　□否
工作台是否清洁：　　□是　　□否
垃圾是否处理：　　　□是　　□否
垃圾处理是否合规：　□是　　□否

📄 任务评价

请根据活动完成情况填写表5-6。

漆面质检与抛光评分表　　　　　　表5-6

学员编号：　　　　　　学员姓名：　　　　　　总得分：

考核时间	序号	项目	配分	评分标准	得分
60min	1	任务准备	5	场地检查不全面，每遗漏一项扣2分	
				设备工具准备不齐全，每缺一项扣1分	
				安全防护准备不齐全，每缺一项扣2分	
				产品耗材准备不齐全，每缺一项扣1分	
	2	安全与防护	10	整个操作过程中有违规操作，每次扣5分	
				整个操作过程中有一项防护用品佩戴错误或未戴，每次扣3分	
				操作过程中存在安全隐患，此项不得分；（涉及安全被教师制止的行为）	
	3	漆面质检	5	缺陷名称与实际不符，每项扣1分	

续上表

考核时间	序号	项目	配分	评分标准	得分
60min	3	漆面质检	5	缺陷检验有遗漏，每处扣1分	
				处理措施选择错误，扣3分	
	4	分析整改	5	缺陷成因分析错误，扣3分；不全面扣1~2分	
				整改措施错误，扣5分	
	5	遮蔽	5	未做遮盖，扣5分	
				遮蔽不牢固，每处扣1分	
	6	研磨过程	10	工具材料选用不当，每次扣2分	
				研磨手法错误，每次扣2分(如打磨板角度不当)	
	7	抛光过程	15	抛光盘、抛光蜡选用不当，每次扣2分	
				抛光机操作不当，每次扣2分(如转速过快、角度过大)	
				抛光机运行轨迹、覆盖面积不当，扣2分	
	8	抛光效果	30	漆面有抛穿现象，此项不得分	
				抛光后仍有缺陷痕迹存在：明显的扣10~15分；不明显的扣5~10分；隐约能看到痕迹的扣1~5分	
				有抛光纹或砂纸痕存在：明显的扣10~15分；不明显的扣5~10分；隐约能看到痕迹的扣1~5分	
	9	清洁	5	未做清洁，扣5分	
				遮蔽未清除干净，每处扣1分	
				有残留蜡渍，每处扣1分	
	10	7S	10	剩余的耗材未按规定放置，扣2分	
				抛光盘未清洁干净，扣2分	
				工位清理不整洁，每处扣2分	
				工具设备未归置，每件扣2分	
				涂装垃圾和废料处理不当，扣2分	
	分数合计		100	总得分	

评估人员姓名：　　　　　　　　　　　　　　　　　　日期：

课后测评题

任务五　漆面质检与抛光

一、单项题

1.下列遮蔽材料中,最容易造成涂膜表面产生尘点的是(　　)。

A.遮蔽膜　　　　B.遮蔽纸　　　　C.报纸　　　　D.遮蔽液

2.涂料施涂于工件表面上后,部分湿膜的表面向下流坠,形成上部变薄,下部变厚的缺陷,称之为(　　)。

A.流挂　　　　B.下沉　　　　C.流淌　　　　D.起皱

3.鱼眼缺陷的形状酷似(　　)。

A.疙瘩　　　　B.火山口　　　　C.皮革毛孔　　　　D.针状小孔

4.银粉漆中的(　　)排列不均匀会产生发花缺陷。

A.树脂　　　　B.颜料　　　　C.铝粉　　　　D.溶剂

5.下列属于橘皮产生的原因的是(　　)。

A.高温喷涂　　　　B.低温喷涂　　　　C.喷涂过厚　　　　D.喷涂枪距太近

6.(　　)是指在涂膜上产生针状小孔或像皮革的毛孔那样的孔状现象。

A.砂痕　　　　B.气泡　　　　C.针孔　　　　D.鱼眼

7.产生咬底缺陷的最根本原因是(　　)。

A.羽状边打磨不符合工艺要求　　　　B.原子灰打磨不够平整

C.涂料附着力差　　　　D.溶剂溶解下层涂膜

8.砂纸痕是由于上层面漆盖不住(　　)而显现的涂膜缺陷。

A.钣金凹陷　　　　B.龟裂　　　　C.原子灰残痕　　　　D.打磨痕迹

9.喷涂面漆后,原子灰部位沿边缘出现印迹,这种缺陷称之为(　　)。

A.漆膜开裂　　　　B.原子灰印　　　　C.羽状边开裂　　　　D.起皱

10.下列不是引起银粉或珍珠漆发花的原因的选项是(　　)。

A.喷涂间温度过低　　　　B.层间静置时间过长

C.喷涂清漆前的静置时间不够　　　　D.稀释剂使用过多

11.细抛时应使用下列哪种抛光盘?

A.羊毛盘　　　　B.硬质波纹底海绵盘

C.软质波纹底海绵盘　　　　D.平底海绵盘

12.单次抛光面积一般控制在(　　)左右合适?

A.10cm×10cm　　　　B.50cm×50cm

C.1000cm×1000cm　　　　D.150cm×150cm

13.抛光时,其抛光轨迹之间应重叠(　　)。

A.1/3　　　　B.1/5　　　　C.1/8　　　　D.1/10

14. 抛光前,研磨较轻微的流挂应选用(　　)的砂纸合适?

　　A. P300　　　　　　B. P500　　　　　　C. P1000　　　　　　D. P2000

15. 抛光前,研磨轻微的尘点应选用(　　)的砂纸合适?

　　A. P800　　　　　　B. P1000　　　　　　C. P1500　　　　　　D. P3000

16. 粗抛时,抛光机转速应控制(　　)r/min 左右。

　　A. 1000~1500　　B. 2000~2500　　C. 3000~3500　　D. 4000~4500

17. 细抛时,抛光机转速应控制在(　　)r/min 左右。

　　A. 1000~1500　　B. 1500~2000　　C. 2000~2500　　D. 3000~3500

18. 新涂装的漆面一般建议(　　)天内不做常规清洗。

　　A. 1　　　　　　　B. 3　　　　　　　C. 5　　　　　　　D. 7

19. 抛光盘与被抛面的倾角应小于(　　)。

　　A. 30°　　　　　　B. 40°　　　　　　C. 50°　　　　　　D. 60°

20. 点抛作业时,应选用(　　)寸的抛光盘比较合适。

　　A. 3　　　　　　　B. 6　　　　　　　C. 8　　　　　　　D. 11

二、判断题

1. 喷涂气压越低,越容易产生橘皮。　　　　　　　　　　　　　　　　　　(　　)

2. 选用涂料的表面张力越高,越不容易产生鱼眼缺陷。　　　　　　　　　　(　　)

3. 选用的砂纸越粗,越容易产生砂纸痕。　　　　　　　　　　　　　　　　(　　)

4. 银粉或珍珠漆表面颜色有差异,深浅不一致,这种缺陷称之为发花,通常也称为起云。
　　　　　　　　　　　　　　　　　　　　　　　　　　　　　　　　　　(　　)

5. 涂装后闪干时间不充分,烘干时升温过急,表面干燥过快易产生针孔缺陷。(　　)

6. 一次喷涂过厚,喷涂操作不当,重枪过多或喷涂距离和角度不正确都不会造成流挂现象。　　　　　　　　　　　　　　　　　　　　　　　　　　　　　(　　)

7. 施工中,使用双组分原子灰、双组分中涂漆容易产生咬底。　　　　　　　(　　)

8. 漆面抛光后,漆膜表面呈现螺旋状的细微划痕称为砂纸痕。　　　　　　　(　　)

9. 烤漆房维护保养不好,一级滤棉或二级滤棉失效,涂层容易产生尘点。　　(　　)

10. 原子灰刮涂在双组分涂料上容易产生原子灰印。　　　　　　　　　　　(　　)

11. 多数抛光机的横把可调,方便操作者使用。　　　　　　　　　　　　　(　　)

12. 海绵盘按质地软硬不同和有无波纹可分为硬质平底海绵盘和软质波纹底海绵盘。
　　　　　　　　　　　　　　　　　　　　　　　　　　　　　　　　　(　　)

13. 抛光时,抛光机(盘)应以车身纵向平行线为准往复运动,切记不可无规则运动或作环形运动。　　　　　　　　　　　　　　　　　　　　　　　　　　　(　　)

14. 抛光盘与被抛面的倾角应小于30°,并遵循分块施工,从上而下,从左至右的路线移动原则。　　　　　　　　　　　　　　　　　　　　　　　　　　　　　(　　)

15. 研磨较严重的缺陷(大面的流挂)前,在缺陷周边薄刮一层大小适当的原子灰用于保护漆面,防止过度研磨导致磨穿。　　　　　　　　　　　　　　　　　　(　　)

TASK

任务六 06

面漆调色

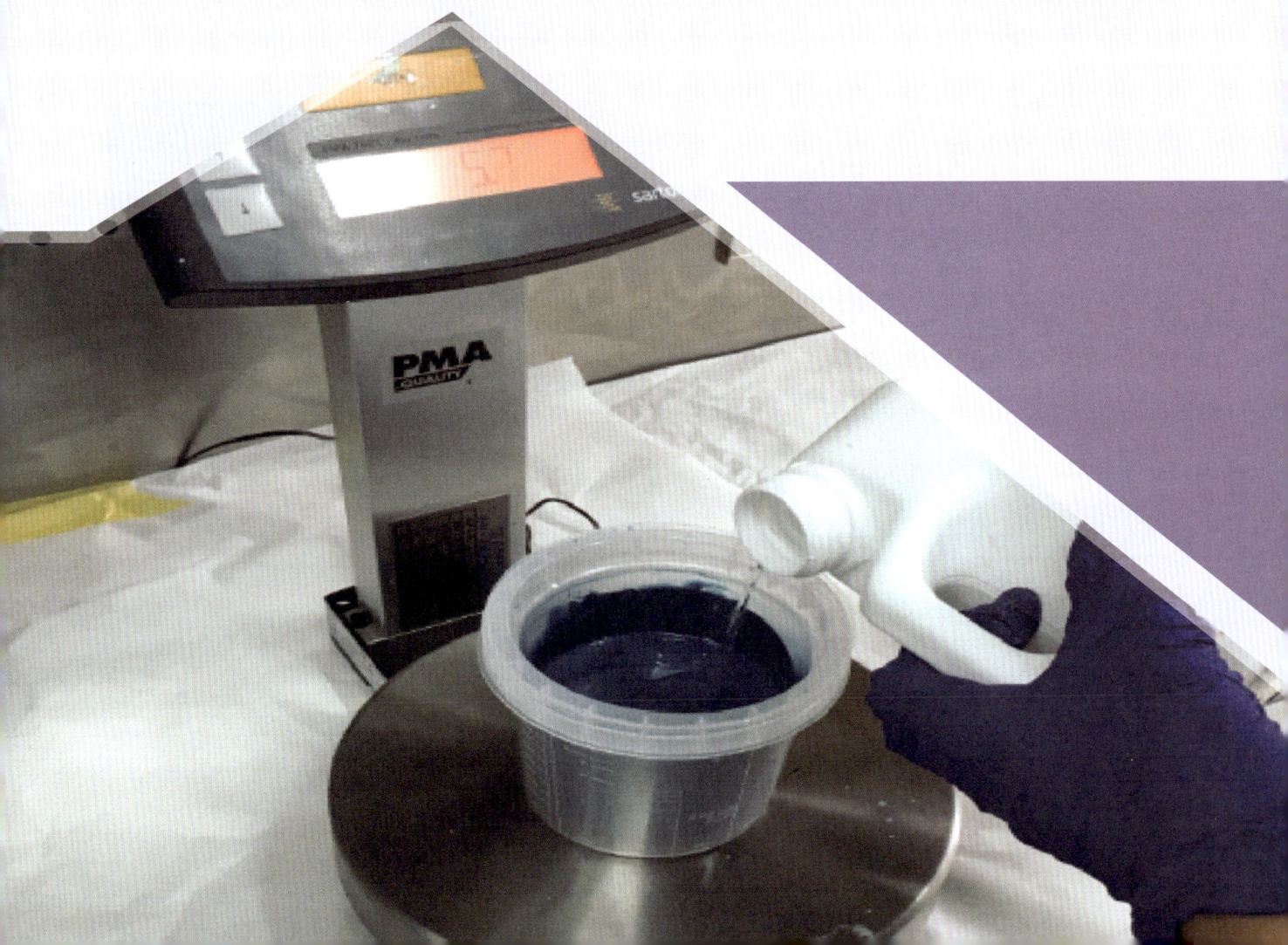

任务介绍

各种颜色的汽车车漆都有汽车制造厂编定的色号，通过色号可以查到每个颜色的配方。但由于车辆受到外界天气、环境等因素的影响或涂料生产所用原料的批次不同，按给定配方调配出来的车漆往往会存在一定的色差，此时就需要对车漆颜色进行人工微调，以达成颜色的一致性。

本任务主要介绍颜色的基础知识、调色工具及设备的使用、人工微调的步骤与注意事项等内容。通过对本任务相关知识的学习及技能训练，学生能够按照调色的标准流程，完成素色漆、银粉漆及珍珠漆的调色作业。

学习目标

（1）知道颜色的基础知识，能从色调、明度和彩度3个维度分析颜色的差异。

（2）掌握电子秤、对色灯箱、色卡资料等调色工具、设备的使用方法，会利用颜色查询系统检索颜色配方。

（3）知道素色漆、银粉漆和珍珠漆调色的注意事项，掌握人工微调的基本流程。

（4）在工作过程中，能认真分析颜色差异和色母特性，反复推敲颜色变化，具备一丝不苟、精益求精的职业素养。

情景导入

某车辆右前翼子板发生剐蹭，出现一处约 3cm×3cm 的轻微损伤，如图 6-1 所示。现在需要调配与原车漆颜色一致的面漆备用，确保维修的翼子板能第一时间喷涂颜色准确的面漆，以保证按时交车。

↑ 图 6-1 受损车辆的车漆颜色

任务描述

汽车车身涂装修复工从班组长处领取车辆维修工单，明确汽车面漆调色任务，查阅色卡资料、色母特性表及相关设备的使用说明，梳理汽车面漆调色作业流程与规范，按要求做好面漆调色前的准备与检查工作，根据作业流程调配面漆颜色，检查所调配的颜色是否与原车漆颜色一致。面漆调色作业完成后进行自检，确认合格后交付班组长复检。

相关知识

1. 颜色基础知识

1）颜色的三个属性

尽管颜色有很多，但纵观所有颜色，都有三个共同点，即一定的色彩相貌、一定的明亮程度和一定的浓淡程度。我们把颜色的这三个共同点叫颜色的三属性，分别称为色调、明度和彩度。无论什么颜色，都可以用这三种特性来定性、定量地描述。颜色的这三种特性可以用仪器测定，也可以用目测比较评定。目测比较评定是颜色分类和说明颜色变化规律最简练、最易接受的一种方法。

（1）色调

色调也叫色相或色别，是色彩最显著的特征，是不同色彩之间彼此相互区分最明显的特征。如红、橙、黄、绿、青、蓝、紫，其中每一个名称都代表一类具体的色调，如图 6-2 所示。紫红、红、红黄等都是红色类中各个不同的色调，这三种颜色之间的差别就属于色调的差别。

↑图 6-2　色调排列

（2）明度

明度也称为亮度、明暗度。明度是人们所看到的颜色引起的视觉上明暗程度的感觉。同一色调可以有不同的明度，比如红色就有红紫、深红、浅红、粉红等之分，它们看上去有深淡之别，如图 6-3 所示。在无彩色系中，最高明度为白色，最低明度为黑色，二者之间为深浅各异的灰色，如图 6-4 所示。

↑图 6-4　无彩色明度序

明度一般用黑白度来表示，愈接近白色，明度愈高；愈接近黑色，明度愈低。因此，无论哪个色加上白色，都会提高明度，且加入白色愈多，明度提高愈大；反之，加入黑色则会降低明度，加入黑色越多，明度愈低。

（3）彩度

彩度，也称为纯度或饱和度，指某种颜色含该色量的饱和程度。高彩度的色调加入白或黑时，将提高或降低它的明度，同时也降低了它的彩度。每一色调都有不同的彩度变化，标准色的彩度最高（其中红色最

↑图 6-3　色相明度序列

高,青绿色最低,其他居中),黑、白、灰色的彩度最低,被定为零。

表6-1把一些主要的颜色进行了排列,列出了它们之间明度和彩度的变幻

（数字越大表示明度或彩度越高）。由表可以看出:红色的彩度最高,青绿色彩度最低;黄色明度最高,而青紫色明度最低。

主要色调的明度、彩度变化   表6-1

色调	红	橙	黄	黄绿	绿	青绿	青	青紫	紫	紫红
明度	4	6	8	7	5	5	4	3	4	4
彩度	14	12	12	10	8	6	8	12	12	12

2）色料混合

不同的色料进行混合后,会造成明度降低的减光现象,故称为"减色混合"或"色料混合"。

红、黄和蓝是三原色,也称为"一次色"。两个原色混合出来的颜色称为"间色"或"二次色",如:红＋黄＝橙,红＋蓝＝紫,蓝＋黄＝绿,则橙、紫、绿均为间色。两

个间色（橙、紫、绿）混合或一个原色（红、黄、蓝）与一个间色（橙、紫、绿）混合出来的颜色称为"复色"或"三次色",如图6-5所示。复色中包含了全部原色的成分,只是各原色间的比例不等,其结果反映出丰富的红灰、黄灰、紫灰等含灰的色彩面貌。颜色比例越接近,其色调就越混浊,所以复色也称为"浊色"。

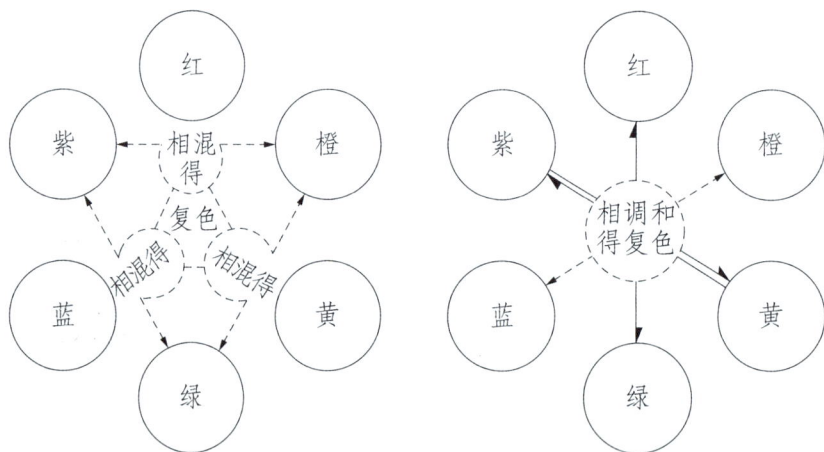

⬆ 图6-5 复色混合示意图

3）互补色

互补色又称为对比色或对头色,是指在色轮上相对位置的2种颜色,如红色与绿色、蓝色与橙色、黄色与紫色互为互补色,如图6-6所示。

⬆ 图6-6 颜色互补关系

互补色可混合成为近似黑色,如图6-7所示。因此,加入互补色可使明度降低以调整颜色的明暗度。

↑ 图6-7 互补色混合

2. 调色工具、设备

1) 电子秤

电子秤是精密的称量设备,调漆工作中要求使用精度至少为0.1g的电子秤,如图6-8所示。电子秤在使用过程中,应注意以下几点:

↑ 图6-8 电子秤

(1) 校准:使用前确保电子秤校准准确。

(2) 稳定放置:将电子秤放置在平稳、坚固的表面上,避免晃动影响测量精度。

(3) 避免过载:不要超过电子秤的最大称重范围。

(4) 保持清洁:定期清洁电子秤,防止灰尘等影响准确性。

(5) 防潮防水:避免电子秤受潮或进水。

(6) 轻拿轻放:在放置和取用物品时,动作要轻,避免对秤体造成冲击。

(7) 按规定操作:严格按照电子秤的使用说明进行操作。

2) 色卡资料

(1) 色母指南

色母指南是由汽车修补涂料供应商提供的,表现色母特性的挂图,如图6-9所示。各家供应商所提供的色母指南形式有所不同,但目的都是为了让调色人员快速、全面地掌握各种色母的性能,提高调色准确性。

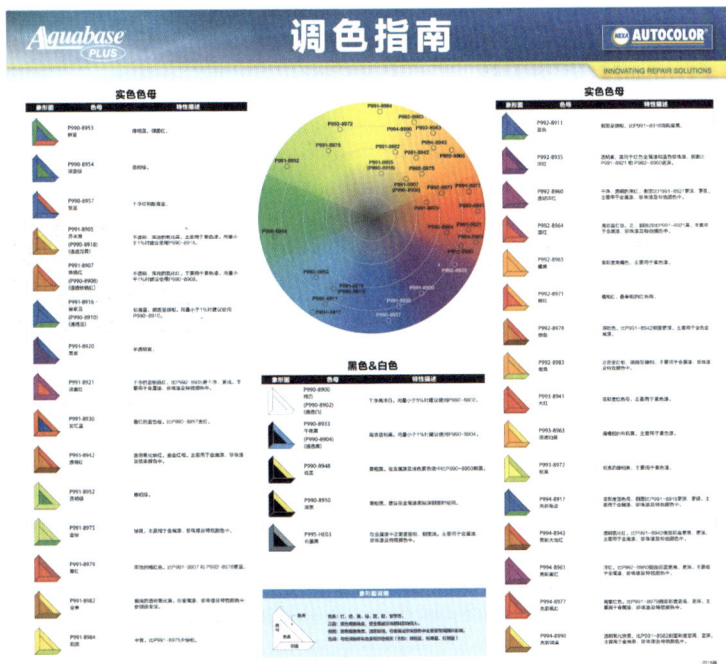

↑ 图6-9 色母指南

（2）色卡

所有知名品牌的涂料供应商除了定期为其客户提供国际市场上最新推出的汽车颜色的配方外，还会给客户提供这些汽车颜色及其差异色的色卡，如图6-10所示。色卡作为重要的调色工具，可帮助调色人员快速找到相应颜色的色号。

图6-10　色卡及其色号

3）对色灯箱

当一对颜色在某光源下，呈现的颜色是相同的，但在另外的光源下，其呈现的颜色又有差异，此现象称为同色异谱，又叫颜色异构。对色灯箱则提供了多种常见光源，以便调色人员在不同的光源下进行颜色比对，防止出现同色异谱现象，如图6-11所示。

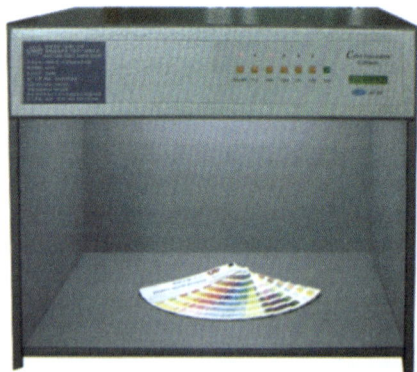

图6-11　对色灯箱

对色灯箱一般配备以下几种常见光源：

D65光源。以日光灯为代表的CIE标准光源，以日光的真实测量光谱为依据，与之相关的色温为6504K，是调色最常用的光源。

A光源。以白炽灯为代表的CIE标准光源，黄—橙色，与之相关的色温为2856K，一般用于同色异谱现象的检测。

F光源。以荧光灯为代表的CIE标准光源，冷白色，其色温约为4200K，用于同色异谱现象的检测。

4）颜色查询系统

目前，车用颜色的数据量非常庞大，涂料供应厂商为方便客户使用，开发了各类程序和软件，利用网络或计算机就可查询颜色配方。下面以"PPG调漆大师"颜色查询系统为例，其查询过程如下：

（1）打开"PPG调漆大师"

在电脑桌面打开"PPG调漆大师"颜色查询系统程序主界面，如图6-12所示。

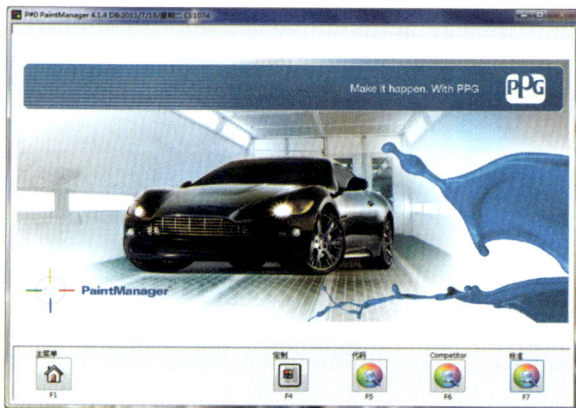

图6-12　程序主界面

（2）进入查找界面

点击主界面右下角"查找"图标或按键盘F7键进入查找界面，如图6-13所示。

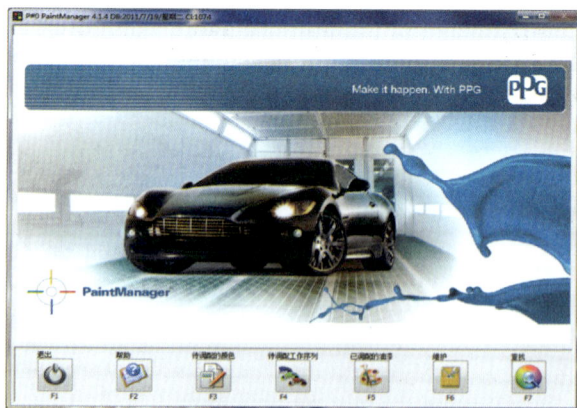

图6-13　查找界面

（3）条件查找

点击查找界面右下角"查找"图标或按F7键进入"标准查询"界面。在左上角代码输入框输入原厂颜色代码，点击右下角"查找"可进入下一个界面,如图6-14所示。

图6-14 标准查询界面

(4)配方选择界面

以标准查询界面输入颜色代码"25U"为例,点击"查找"后进入配方选择界面,系统自动列出可供选择的配方,可根据颜色名称、车辆品牌、车型及颜色配方使用年份等信息确定所需配方,用鼠标点选后点击右下角"确认"进入下一界面,如图6-15所示。

图6-15 配方选择界面

(5)油漆系统、差异色选择界面

点击"选择一个混合计划-喷涂系统"右侧备选框内的倒三角,可以列出系统内可供选择的油漆系统,如水性油漆系统、2K油漆系统、单工序油漆系统等。根据自己所需选择相应的油漆系统,系统会自动列出所需的配方,点击所需配方后按右下角"确认"进入下一个界面,如图6-16所示。

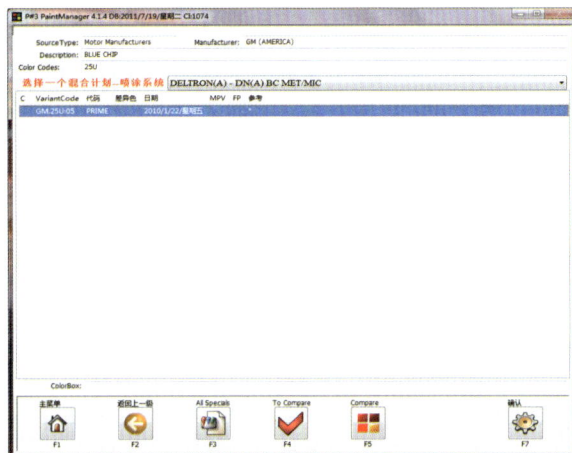

图6-16 选择油漆系统及差异色

注意:一个颜色可能有多个不同配方供选择,这时可参考代码栏的提示内容选择更接近的颜色配方。如代码栏显示"PRIME",则代表该配方为原厂标准板配方,即"主色";若为其他英文符号,则代表该配方是从其他途径(例如车身等)获得的,即"差异色"。差异色代码含义如表6-2。

调色系统代码栏代码含义　　　　　　　　表6-2

代码	含义	代码	含义	代码	含义
NO 1	标准车身色	B	更蓝	Y	更黄
L	更浅	V	更紫	K	更粗
D	更深	G	更绿	U	更灰暗
C	更干净	R	更红	W	更细

注:以上比较都是正面颜色之间比较,而且都是相对主色而言的。

(6)配方界面

在上一界面点击"确认"后系统就会显示相应的配方。在"数量"下面的输入框输入所需油漆的用量,系统就会给出所需配方。得到配方后就可以根据这个配方调出所需颜色,经过颜色比对后直接使用或微调后使用,如图6-17所示。

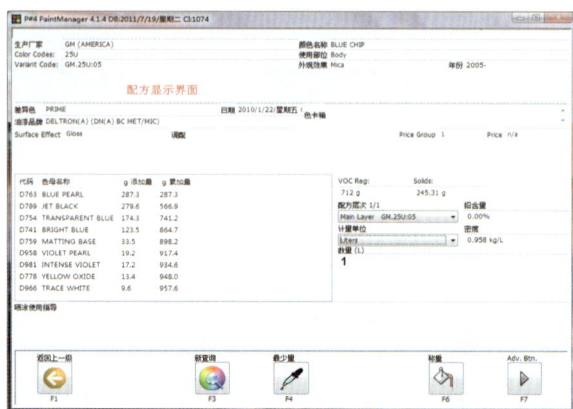

图6-17　配方界面

3.调色的注意事项

1）素色漆调色的注意事项

调配素色漆时应该注意以下几点:

(1)色母的"沉降效应":白色及某些黄色的色母比重大,喷涂并静置后易沉淀,比重小的色母则在表面聚集,使颜色变纯,外观变"暗"。因此,一般湿漆调配得比标准板的颜色会稍浅、稍淡一些。

(2)尽量选用纯度高的色母,汽车在素色选择上喜欢明快、鲜艳的色彩,以红色、蓝色、黄色为主。这些颜色调配要根据需要少用黑色母;偶尔会用相当数量的白色母调节亮度和鲜艳(纯)度,但要认识到这会造成一定程度的颜色浑浊。

(3)尽量不选用低强度浊色母作为主色,即使不得不选用时,也要尽量搭配使用高遮盖力的色母。这种情况以鲜艳的红色最为常见。

(4)白色在使用了一段时间后会变得稍黄。

(5)调配白色时尽量选用低浓度的色母。高浓度的色母的着色力一般是低浓度色母的6～10倍,即使1升里面只用1滴,在白色中也能明显地反映出来。所以选用低浓度

色母的好处是微调时容易控制变化范围。

(6)黑色的表面光泽对判断其色差起着决定性的作用。新喷涂的黑色由于表面光泽太高而容易给人造成新修理漆面过黑的误解,可以先打蜡抛光再进行比较。甚至在喷涂前加入少量的白色母使原黑色配方稍微浑浊一点。

(7)当调配因长时间暴露而褪色的颜色时,可以添加少量的白色或黄色色母。

2）双工序金属(珍珠)漆调色

金属漆之所以难调准确,主要是因为需要考虑侧面色调,再加上珍珠漆正面反光、侧面透射光的不同,就造成金属漆正、侧面变化的复杂性。金属漆侧面效果调整的手段主要有:

(1)改变基调色母之间的比例。基调色母一般成对使用,例如同是绿色就可以使用一个偏黄和一个偏蓝的色母,当适当改变两者数量时,就能控制正面色调基本保持一致而侧面色调偏黄或蓝。

(2)选用合适的银粉组合。通过改变银粉组合,能让侧面变暗或变亮。

(3)使用银粉控色剂。使用控色剂的好处是既最大限度保证正面色调不变,又使银粉侧面大幅度变亮,但会让银粉颗粒显得稍粗。

(4)使用白色或通过白色色母。作用及效果与控色剂相似。

(5)使用青黄或鲜黄色色母。与白色母的使用方法相同,效果也是明显提高侧面亮度,还附带使得侧面色调偏一点黄。

(6)尽量多使用透明的色母。

3）三工序珍珠漆调色

三工序珍珠漆,以白珍珠最为常见。这类颜色利用低遮盖力的珍珠色漆(云母)覆盖在其底色漆上,能够提高底色漆的反光性,还可以使正、侧面色调反差强烈,给人造

成深刻的印象。其中底色漆一般选取浅亮的素色漆为主,也有少部分银粉漆;珍珠漆多数直接使用,不添加其他颜色的色母。

影响三工序珍珠漆颜色最主要的因素有 2 个:

一是底色漆颜色。因底色漆被珍珠色层掩盖而不能表现出原来的色调。可通过寻找车身的内表面(如驾驶室门框、地毯下面或油箱盖背面等)保留原始底色的部位或是打磨需要修补位置的面漆直至露出底色层。

二是珍珠漆的厚度或层数。如白珍珠,喷涂越厚或层数越多,其颜色正面越白、越浅,侧面越深越黄。采用"多层喷涂试验"的方法制作试板是三工序珍珠漆调色的必要手段。

"多层喷涂试验"法试板的制作方法,如图 6-18 所示。准备一块已经喷好底色漆的试板,大致分成四部分;使用三份遮蔽纸分别遮住下面三部分,并开始喷涂珍珠漆;第一遍闪干后,撕去一张遮蔽纸,并继续喷涂第二遍;依此类推,一直到把四部分都喷涂完成,最后全部喷涂一遍。由下往上,我们分别喷涂了 2、3、4、5 遍珍珠漆。由于每人喷涂手法不同,如果觉得有必要,可以全部再喷涂一遍,得到分别喷涂 3、4、5、6 遍的试板。最后喷涂清漆,干燥漆膜。比较试板与车身的颜色,选出最接近的颜色,决定实际施工时所需要的喷涂遍数。即使在调配底色漆时,也应该按照这种方法喷涂试板,再决定如何调整底色漆。

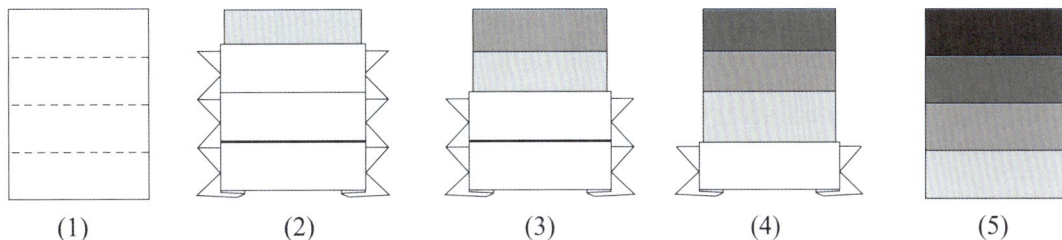

(1)　　　(2)　　　(3)　　　(4)　　　(5)

⬆ 图 6-18 "多层喷涂试验"法试板的制作方法

4. 影响颜色的因素

1) 个人喷涂习惯的影响

手工喷涂的效果受个人的习惯制约,如走枪快慢、枪距远近、喷涂次数、喷枪调节、闪干时间等都对最后的颜色产生影响。对于大多数色漆而言,以下因素会造成颜色的深浅不一,如表 6-3 所示。

个人喷涂习惯对颜色的影响

表 6-3

浅	颜色偏向	深
快	←走枪速度→	慢
远	←枪距远近→	近
少	←喷涂次数→	多
少	←油漆流量→	大
多	←稀释剂配比→	少
快干	←稀释剂类型→	慢干

续上表

浅	颜色偏向	深
小	←喷枪口径→	大
大	←气压调节→	小
大	←扇面调节→	小

2) 施工环境因素的影响

施工环境是客观因素,也无法避免,例如环境温度、环境湿度、空气对流等。施工环境对颜色的影响如表 6-4 所示。

施工环境对颜色的影响　表 6-4

浅	颜色偏向	深
高	←环境温度→	低
小	←环境湿度→	大
增加	←空气对流→	减少

任务准备

1. 班组分工

□组长　　□安全员　　□操作员　　□质检员　　其他＿＿＿＿＿＿＿＿＿＿＿＿＿

2. 检查场地

□施工区域通风　　□施工区域光线充足　　□气源正常　　　　□电源正确
□工位场地面积＿＿＿＿＿＿＿　现场人数＿＿＿＿＿＿＿　工位数＿＿＿＿＿＿＿

3. 设备工具

□喷枪　　　　　□烤箱　　　　　□颜色查询系统　　□电子秤
□对色灯箱　　　□色卡资料　　　其他＿＿＿＿＿＿＿＿＿＿＿＿

4. 安全防护

□防静电喷涂服　□工作鞋　　　　□棉纱手套　　　　□耐溶剂手套
□防溶剂面具　　□防尘口罩　　　□护目镜　　　　　□耳塞
其他＿＿＿＿＿＿＿＿＿＿＿＿

5. 产品耗材

□色漆及辅料　　□清漆及辅料　　□清洁剂　　　　　□清洁布
□粘尘布　　　　□过滤网　　　　□调漆杯
其他＿＿＿＿＿＿＿＿＿＿＿＿

任务实施

以 Aquabase PLUS 系列水性银粉底色漆调色为例（参考视频请扫描二维码）

步骤一　　**查询色号**

面漆调色

1. 清洁板件

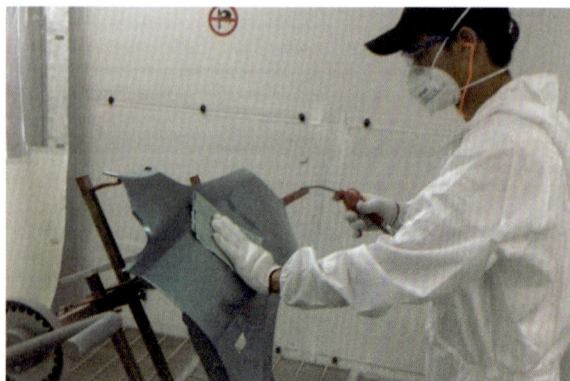
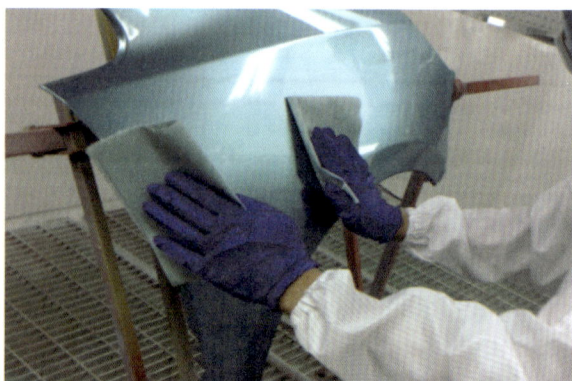

调色前需清洁板件,若原漆面有老化、失光现象应抛光使漆面呈现原来的色泽。

2. 查询色号

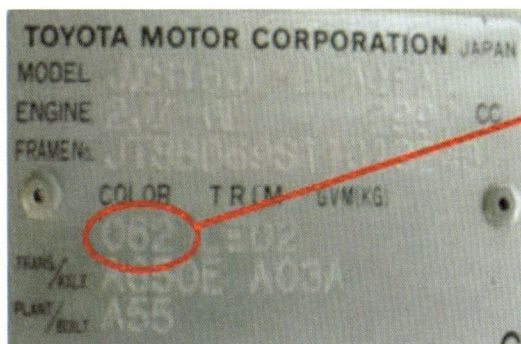

操作提示

(1) 色号可通过车辆铭牌、色卡及测色仪查询。

(2) 车辆铭牌常见的位置。

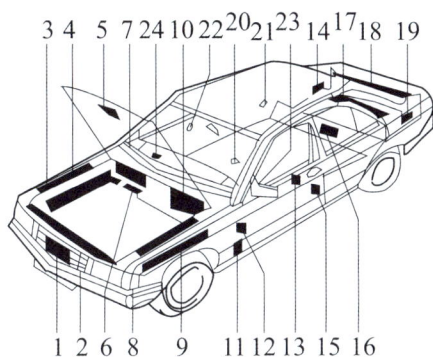

↑ 铭牌常见的位置

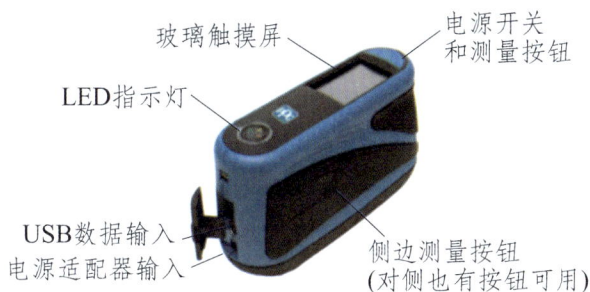

↑ 测色仪

(3) 利用色卡查询色号时,须找到颜色一致或最接近的色卡。确保在柔和的自然光下对色,银粉漆、珍珠漆须从多角度比对。

(4) 利用测色仪能快速分析颜色特征并提供相应色号,使用时应严格按照使用说明操作。

步骤二 调配色漆

1. 查找配方

（1）配方查找条件录入越全面,搜索结果越精准。

（2）应按照实际情况,选择已配备的油漆系统。

（3）选择合适的颜色配方。

①通过色卡比对获取的色号应参照比对情况选择,如车身颜色比色卡更红时,应选择代码为"w"的配方。

②通过铭牌获取的色号,一般都选择代码为"PRIME"的原厂标准配方。

③通过测色仪获取的色号,一般选择数值最接近的配方。

颜色匹配度，选择数值较小

代码	色母名称	g 添加量	g 累加量
D763	BLUE PEARL	287.3	287.3
D789	JET BLACK	279.6	566.9
D754	TRANSPARENT BLUE	174.3	741.2
D741	BRIGHT BLUE	123.5	864.7
D759	MATTING BASE	33.5	898.2
D958	VIOLET PEARL	19.2	917.4
D981	INTENSE VIOLET	17.2	934.6
D778	YELLOW OXIDE	13.4	948.0
D966	TRACE WHITE	9.6	957.6

⬆ 测色仪配方选择　　　　　　　　⬆ 符合调配的配方

（4）根据使用需求,输入合适的油漆用量。如果输入用量后配方中的某些色母被标为红色,说明用量太少,被标"红"的色母无法被精准称量,此时需调整用量,确保无标"红"的色母显示。

2.调配色漆

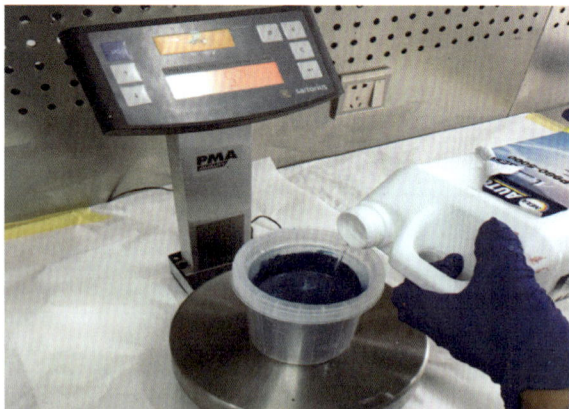

（1）电子秤应放置水平,无气流影响,秤盘洁净。

（2）建议按照配方上色母的排序依次精准添加。

（3）按产品手册要求选用并添加稀释剂。

（4）色母必须混合均匀。

步骤三　喷涂色板(B)

1. 喷涂色板

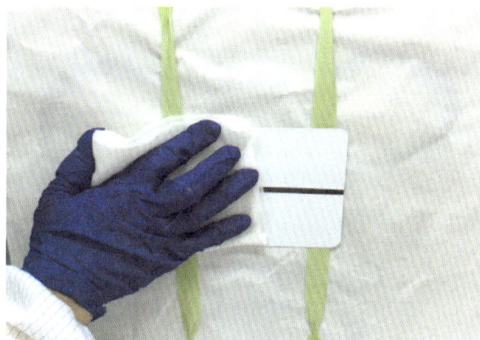 

操作提示

(1)选用色板的灰度应与车身灰度一致。

(2)使用的喷枪型号、喷嘴口径及调枪参数应与车身喷涂时一致。

(3)须严格参照涂料产品手册规定的方法喷涂色板。

2. 干燥色板

操作提示

烘烤前应闪干,烘烤温度严格按涂料产品手册规定设定,防止出现失光、针孔等弊病而影响颜色比对。

步骤四　比对颜色,记录差异

 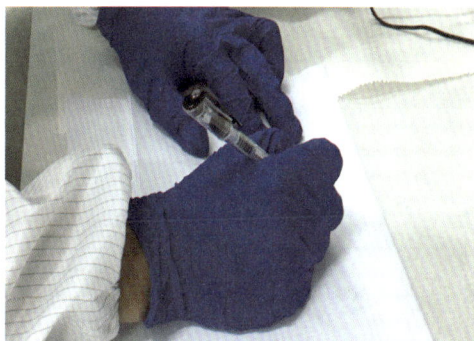

操作提示

（1）须选用柔和的自然光或 D65 光源对色。

（2）银粉漆、珍珠漆至少需要从 3 个角度进行比色,即垂直 90°观察银粉颗粒大小;45°观察正面颜色;15°观察侧面颜色。

（3）颜色差异需从色调、彩度和明度 3 个维度分析。

（4）目标板与差异板相邻放置,并置于同一平面后进行比色。

（5）观察颜色的时间不宜过长,每次观察一般不超过 3s,以第一印象为准。

例:本次微调颜色差异记录如下(表 6-5)。

表 6-5

比对面	项目				
	色调	明度	彩度	银粉颗粒	B(差异色)调到 A(标准板)
正面(A 比 B)	略偏黄	暗	浑浊	相同	降低明度、彩度
侧面(A 比 B)	无变化	暗	浑浊	相同	降低明度、彩度

填表说明:

1. 此任务中出现的色板"A"表示标准色板或车身颜色;"B"代表按配方调配的颜色色板;其余如"C""D"等表示按顺序进行调色和喷涂产生的色板。

2. 色调:填写颜色偏向,如"偏黄""更红"等。

3. 明度:用"更亮""更暗"或"更浅""更深"表示。

4. 彩度:用"鲜艳""浑浊"或"饱和""不饱和"表示。

5. 银粉颗粒:填写"更粗""相同""更细""更多"或"更少"。

6. B 调到 A:填写调整的思路,如 B 调到 A 需要"色调向 * 色调整、提高 * 色彩度或降低明度"等,一般填写 2 个维度的思路即可。

步骤五 参照配方,利用挂图等分析色母特性

配方表。

色母编号	称量方法	
	累积量	绝对量
8957	10.5g	10.5g
8952	14g	3.5g
8988	29.3g	15.3g
8987	43.5g	14.2g
PP63	45.5g	2g
8948	48.5g	3g
8933	50.8g	2.3g
8900	52.4g	1.6g

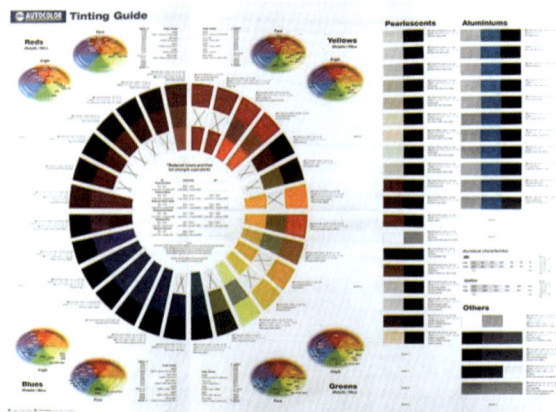

如配方表中各色母的特性为(表6-6)。

表6-6

编号	名称	在素色漆中	在银粉/珍珠中	
			正面	侧面
纯色色母特性				
P990-8900	纯白	主要使用	不常使用	
P990-8957	坚蓝	酞菁蓝	红相	干净红调
P991-8952	透明绿	黄绿	黄相	黄相
P990-8933	午夜黑	在冲淡色呈蓝相	蓝相	比8950和8948更浅和更蓝
P990-8948	暗黑	黄相黑	微带黄相	比8933更黑
银粉/珍珠色母特性				
P998-8988	中闪银	—	干净/亮	暗
P998-8987	中幼银	比8992稍细	比8992干净	比8992浅
P995-PP63	幼珍珠蓝	比PP07细,遮盖低	蓝相	稍带黄,比PP07更浅

步骤六》 选择并添加适量的色母

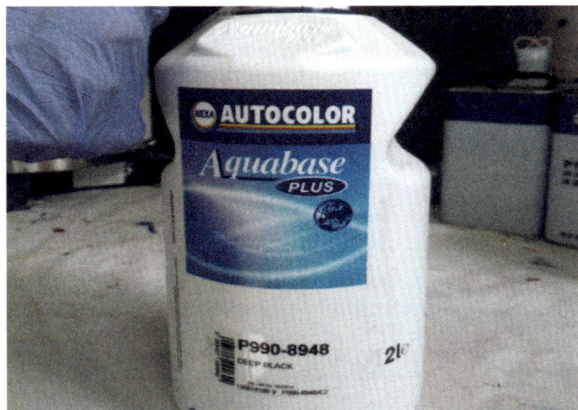

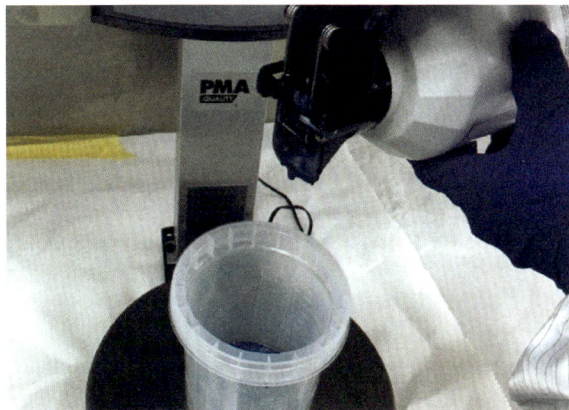

操作提示

(1)选择色母时,应依据颜色差异分析和色母特性分析的结果,利用排除法进行选择,以本次微调为例：

①通过正、侧面比对银粉颗粒（大小、多少）无变化，则可排除银粉色母 8988、8987。

②A 板正、侧面都比 B 板暗、浑浊，因此，可初步确定需要在差异色油漆中加入黑色色母（黑色能降低明度，同时也能降低彩度）。

③A 板正面比 B 板略偏黄相，侧面无差异，此时根据色母特性分析可排除黑色色母 8933、黄绿色色母 8952 和珍珠色母 PP63。

④经排除后初步确定此次微调应添加的色母为黑色色母 8948。

（2）初次添加色母量不宜过多，具体添加量可参考以下计算公式：

色母的净重（需添加色母在配方中的重量）÷配方总重量（所有色母累计量）×50＝首次微调的添加量。

步骤七　喷涂色板（C）并对色

操作提示

（1）喷涂方法、喷枪选择及调节参数等应与色板"B"保持一致。

（2）色板"C""B"与标准板（车身）置于同一平面后同时对色。

（3）分辨色板"C"与色板"B"和标准板（车身）三者之间的颜色的位置关系。一般会存在以下 3 种位置关系。

①位置关系：色板"C"处在标准板（车身）与色板"B"之间，即颜色由 B 到 C 慢慢接近 A，此时表明色母选择正确无误，颜色已慢慢向 A 靠近，需要注意的只是添加量的问题。

②位置关系：标准板（车身）处在色板"C"与色板"B"之间，即颜色由 B 到 A 慢慢接近 C，此时表明色母选择正确无误，但首次添加的色母量过多，在下次微调时需要减少添加量。

③位置关系：色板"C"脱离由 B 到 A 的颜色渐变主线。即不能夹在标准板（车身）与色板"B"之间；也不能形成位置关系 2，颜色由 B 到 A 慢慢接近 C 时，说明色母选择错误，需要重新分析 A、B 板的颜色差异和各色母的特性。

（4）当存在位置关系①和②时，可根据经验来判断下一步需添加或减少的色母用量，即通过分析来判定 C 与 B 之间的距离和 C 与 A 之间的距离。重复步骤六与步骤七，直至颜色准确为止。

步骤八 色板存档

操作提示

应清晰地记录每一次调色的色母添加量及其相关要素,粘贴于对应色板背面,以形成自己的色卡资料。

步骤九 7S 工作

剩余的耗材应盖紧密封并妥善归置。

涂料是否盖紧密封:□是 □否		涂料是否妥善归置: □是 □否
喷枪是否清洗干净:□是 □否		喷枪等工具是否妥善归置:□是 □否

清理场地卫生,按合规的方式及时妥善处理涂装垃圾和废料。

工位是否整理: □是 □否		工作台是否清洁: □是 □否
垃圾是否处理: □是 □否		垃圾处理是否合规: □是 □否

📋 任务评价

请根据活动完成情况填写表6-7。

面漆调色评分表 表6-7

学员编号：　　　　　　　　　　学员姓名：　　　　　　　　　　总得分：

考核时间	序号	项目	配分	评分标准	得分
50min	1	色母判断	10	色母判断正确	
	2	色板	5	色板规范、整洁	
	3	颜色准确度	70	100分（70%换成百分制）－△E值＊10（△E取小数点后1位，四舍五入） △E＜0.5　　　　扣5分 △E＜1　　　　　扣10分 △E＜1.5　　　　扣15分 △E＜2　　　　　扣20分 △E＜2.5　　　　扣25分 △E＜3　　　　　扣30分 △E＜3.5　　　　扣35分 △E＜4　　　　　扣40分 △E＜4.5　　　　扣45分 △E＜5　　　　　扣50分 △E＜5.5　　　　扣55分 △E＜6　　　　　扣60分 △E＜6.5　　　　扣65分 △E＜7　　　　　扣70分 △E＜7.5　　　　扣75分 △E＜8　　　　　扣80分 △E＜8.5　　　　扣85分 △E＜9　　　　　扣90分 △E＜9.5　　　　扣95分 △E＜10　　　　　扣100分	
	4	安全防护	5	整个操作过程中有一项防护用品佩戴错误或未戴，不得分	
	5	7S	10	产品包装盖未盖好，工具、工作台未清洁、恢复原状，废弃物未分类丢弃等，每项扣2分	
分数合计			100	总得分	

评估人员姓名：　　　　　　　　　　　　　　　　　　日期：

课后测评题

任务六 面漆调色

一、单选题

1. 颜色是( )和感觉器官作用后所引起的生理感觉。

    A. 光线   B. 物体   C. 气氛   D. 眼睛

2. 当人们在观察物体时,最敏感是( )。

    A. 色   B. 形   C. 质   D. 量

3. 根据人观察物体时的表现,视觉神经对( )的反应最快。

    A. 形状   B. 表面质感   C. 色彩   D. 大小

4. 构成色彩感觉必须具备的三个基本条件有光、物、( ),三者缺一不可。

    A. 手   B. 鼻   C. 眼   D. 耳

5. 色料中黄色的补色是( )。

    A. 红   B. 青   C. 紫   D. 蓝

6. 色料中红色的补色是( )。

    A. 绿   B. 黄   C. 蓝   D. 白

7. 下列不属于色料三原色的是( )。

    A. 红   B. 黄   C. 蓝   D. 绿

8. ( )是色彩的首要特征,是区别各种不同色彩的最准确的标准。

    A. 明度   B. 色调   C. 彩度   D. 饱和度

9. ( )是指色光波长单一的程度,也称为艳度、饱和度。

    A. 色调   B. 明度   C. 彩度   D. 透明度

10. ( )是人们看到颜色所引起视觉上明暗程度的感觉,也叫亮度。

    A. 色调   B. 明度   C. 彩度   D. 透明度

11. 在调色工作中,常用的色相环有6色、12色、( )色等。

    A. 13   B. 17   C. 19   D. 24

12. 原色所具有的特点是( )。

    A. 纯度高   B. 明度高   C. 透明度高   D. 亮度高

13. 将三原色的任何两色作等量混合而产生的颜色称为( )。

    A. 原色   B. 间色   C. 混色   D. 复色

14. 由两种以上的色调,相互混合而形成的色称为( )。

    A. 原色   B. 间色   C. 混色   D. 复色

15. 在有彩色系中,明度以黄色最亮,( )色最暗。

    A. 黑   B. 青   C. 紫   D. 白

16. 下列明度最高的颜色是(　　　)。

    A. 紫色　　　　　　　B. 黄色　　　　　　　C. 绿色　　　　　　　D. 黑色

17. (　　　)可以不带任何色相的特征而通过黑白灰的关系单独呈现出来。

    A. 饱和度　　　　　　B. 透明度　　　　　　C. 明度　　　　　　　D. 纯度

18. 由明度变化所做的各种构成练习称为(　　　)构成。

    A. 色相　　　　　　　B. 纯度　　　　　　　C. 明度　　　　　　　D. 饱和度

19. 由纯度变化所做的各种构成练习称为(　　　)。

    A. 色相构成　　　　　B. 明度构成　　　　　C. 纯度构成　　　　　D. 透明度构成

20. 颜料中的(　　　)是纯度最高的色相。

    A. 红色　　　　　　　B. 黄色　　　　　　　C. 蓝色　　　　　　　D. 紫色

21. (　　　)低的颜色色彩显得强度弱,比较平和、淡雅。

    A. 明度　　　　　　　B. 纯度　　　　　　　C. 透明度　　　　　　D. 可见度

22. 光谱中的颜色是极限纯度的颜色,叫做(　　　)。

    A. 物体色　　　　　　B. 光源色　　　　　　C. 标准色　　　　　　D. 间色

23. 调色天平显示"L"是由于(　　　)所造成的。

    A. 电源未接好　　　　　　　　　　　B. 超载

    C. 秤盘放置不当　　　　　　　　　　D. 读数显示不稳定

24. 一滴漆的质量在(　　　)g之间。

    A. 0.001~0.003　B. 0.02~0.05　C. 0.1~0.3　　D. 1~3

25. 在使用调色天平时,如果周围环境不稳定或暴露在通风处,会导致(　　　)。

    A. 读数错误　　　　B. 显示"H"　　　　C. 显示"L"　　　　D. 读数不断变化

26. 对色灯箱中的标准光源"D65"的色温在(　　　)K左右。

    A. 6504　　　　　　B. 4200　　　　　　C. 4870　　　　　　D. 2856

27. (　　　)发出的光显橙色,与之相关的色温为2856K。

    A. 白炽灯　　　　　　B. 普通荧光灯　　　　C. 氙气灯　　　　　　D. 紫外线光源

28. 利用对色灯箱配色时,最常用的光源是(　　　)。

    A. 白炽灯　　　　　　B. 普通荧光灯　　　　C. D65　　　　　　　D. 紫外线光源

29. (　　　)是由涂料供应商提供的,能让调色人员直观地了解该色母特性,方便调色的调色工具。

    A. 颜色配方查询系统　　　　　　　　B. 色母指南

    C. 汽车颜色色卡　　　　　　　　　　D. 色母

30. 除白色以外,每一个素色色母都会在色母指南的色轮图上占据(　　　)个位置。

    A. 1　　　　　　　　B. 2　　　　　　　　C. 3　　　　　　　　D. 6

31. 通过观察色母在色轮图上的位置,可以了解该色母的(　　　)。

    A. 颜色特性　　　　　B. 颜料密度　　　　　C. 颜料种类　　　　　D. 树脂特性

32. 在进行比色时,试板面积至少在(　　　)cm^2。

    A. 5×1　　　　　　　B. 5×5　　　　　　　C. 5×10　　　　　　　D. 10×15

33. 在进行视觉比色时,操作人员应穿( )的工作服。

    A.红色   B.黑色   C.紫色   D.浅色

34. 在进行视觉比色时,观察试板与样板的时间以( )s左右比较合适。

    A.3   B.30   C.60   D.300

35. 调色的基本流程是( )。

    A.确定原车颜色、获得初始配方、喷涂色板、比较颜色、颜色微调、施工

    B.确定原车颜色、喷涂色板、获得初始配方、比较颜色、颜色微调、施工

    C.确定原车颜色、比较颜色、喷涂色板、获得初始配方、颜色微调、施工

    D.获得初始配方、确定原车颜色、喷涂色板、比较颜色、颜色微调、施工

36. 把试调的色漆均匀涂抹在试板上,待干燥后与原车颜色进行对比的方法是( )。

    A.点漆法   B.比较法   C.涂抹法   D.喷涂法

37. 颜色比对方法中,精度最高的是( )。

    A.点漆法   B.比较法   C.涂抹法   D.喷涂法

38. 在素色漆调配中,如果漆中含有一定量的白色漆时,要求湿漆调配得比标准板的颜色( )。

    A.浅   B.一样   C.深   D.红

39. 调配颜色时,应遵循( )的原则。

    A.由深入浅、由浊到艳   B.由浅入深、由浊到艳

    C.由浅入深、由艳到浊   D.由深入浅、由艳到浊

40. 调配素色漆时,可用( )色母调节明度和纯度,但会造成一定程度的颜色浑浊。

    A.黑色   B.白色   C.红色   D.蓝色

41. 在银粉漆调色时,通常用( )色母调整银粉漆的明度。

    A.银粉色   B.绿色   C.珍珠色   D.素色

42. 银粉色母的颗粒大小决定涂膜正侧光,一般颗粒大,正光亮,侧光( )。

    A.亮   B.暗   C.红   D.白

43. 在银粉漆中,加入白色色母,则会使侧面变浅,正面变( )。

    A.红   B.灰   C.蓝   D.白

44. 珍珠漆喷涂时,清漆层喷得越厚,颜色越( )。

    A.深   B.浅   C.白   D.红

45. 在涂装修补施工中,喷涂手法对( )影响最小。

    A.素色   B.金属色

    C.珍珠色   D.幻彩色

46. 下列关于喷涂习惯对银粉漆的颜色影响的说法中,不正确的是( )。

    A.走枪速度越快,银粉漆颜色越深

    B.枪距越远,银粉漆颜越浅

    C.银粉喷涂厚,颜色越深

    D.出漆量越大,银粉漆颜色越深

47. 施工环境会对金属漆色泽带来影响,使颜色变浅的原因是( )。

    A. 环境温度高   B. 环境温度低

    C. 湿度大   D. 空气对流小

48. 喷涂银粉漆时,使用快干稀释剂会使银粉颜色变得比较( )。

    A. 白   B. 深   C. 浅   D. 黑

49. 施工操作会对金属漆色泽带来影响,使颜色比较深的是( )。

    A. 采用快干稀释剂   B. 气压调节大

    C. 喷枪口径小   D. 枪幅调节小

二、判断题

1. 色彩感觉是由物体反射的可见光作用于视觉器官的一种反应。   ( )

2. 只有光的存在才能见到色彩。   ( )

3. 色料的三原色是红、绿、蓝。   ( )

4. 色调是颜色之间的区别,是一定波长单色光的颜色相貌。   ( )

5. 在所有的颜料中,白色的明度最高。   ( )

6. 如果在 12 色相间继续增加一个过渡色相,就组成了一个规律的 24 色色相环。

    ( )

7. 红、紫二色处于可见光谱的边缘,知觉度低,但色彩的明度较高。   ( )

8. 灰色颜料的明度介于白色颜料和黑色颜料之间。   ( )

9. 色彩越纯,强度越大,颜色越鲜艳越刺激。   ( )

10. 色料中,紫色的纯度比红色的纯度高。   ( )

11. 调色天平在校正前,应在空秤台的情况下使天平充分预热。   ( )

12. 如果调色天平在空秤台情况下显示偏离零点,则应按"去皮键"使显示回到零点。

    ( )

13. 当一对颜色在某种光源下,呈现的颜色是相同的,但在另外的光源下显现的颜色有差异,这种现象称"同色异谱"或"颜色异构"。   ( )

14. 如果两个颜色试样在任何光源下观察都完全等色,称为"同色同谱"。   ( )

15. 色母指南的作用是为了让调色人员能够明确直观地了解该色品的特性,方便调色。

    ( )

16. 在色母指南中,一般会先列出素色色母的颜色,再列出该色母和另一素色色母(一般为白色)按一定比例混合后的颜色供调配涂料时参考;同时还列出该色母和银粉、珍珠色母按一定比例混合后的颜色供调配金属漆和珍珠漆参考。   ( )

17. 视觉比色就是把试样的颜色和样本的颜色并排放在一起,用肉眼观察它们是否相同的方法。   ( )

18. 在视觉比色时,可以穿色彩鲜艳的衣服。   ( )

19. 在计量调色中,累计称量比单独称量的误差要小。   ( )

20. 称量色母时,应遵循"宁多勿少"的原则。   ( )

21. 在调配素色漆时,应尽量选用纯度低的色母。　　　　　　　　　(　　)

22. 调配白漆时,应选用低强度的色母,即透明的色母。　　　　　　(　　)

23. 调配金属色漆时,要选用正面暗、侧面较亮的色卡配方为基础作调整。(　　)

24. 在调配金属色时,每个色母都会对颜色的正、侧光产生影响。　　(　　)

25. 喷涂人员可以通过改变喷涂手法,达到微调金属色泽的目的。　　(　　)

26. 清漆层的厚度不会影响银粉色漆的颜色。　　　　　　　　　　　(　　)

27. 喷涂银粉漆时,喷涂气压越大,金属色泽越深。　　　　　　　　(　　)

28. 喷烤漆房的温度和湿度对金属色泽变化没有影响。　　　　　　　(　　)

任务七

汽车漆面驳口修补

任务介绍

汽车修补涂装工作对颜色准确程度要求非常高，但影响颜色效果的因素有很多，特别是在银粉漆、珍珠漆的修补涂装经常会出现因色差而导致返工的情况，造成企业经济损失和客户满意度下降。为有效避免此类问题，维修人员经常使用一些特殊的喷涂方法和技巧来完成修补作业，让颜色逐渐过渡和变化，使修补部位与其周围未修补部位的颜色在视觉上无明显差异，习惯将这类喷涂技术称之为"驳口修补"。

本任务主要介绍驳口修补工艺选用、驳口修补前打磨、驳口修补等内容。通过对本任务相关知识的学习及技能训练，学生应能够熟练运用板块内修补、板块间修补及点修补工艺修复车身漆面。

学习目标

（1）知道驳口修补工艺的种类、特点与适用状况。

（2）能对车辆损伤状况进行检查分析，做出科学的评估，确定适用的驳口修补工艺。

（3）严格按照规范的流程实施驳口修补操作，熟练运用驳口研磨与喷涂技巧，避免出现磨穿、黑边、白边、发花等缺陷。

（4）在工作过程中，能灵活运用驳口修补工艺，降低涂料用量和色差产生风险，具有严谨细致、认真负责的工作态度。

情景导入

某车辆右前翼子板发生剐蹭，出现一处约 3cm×3cm 的轻微损伤，如图 7-1 所示。现需使用最经济、最高效的工艺修复漆面。

⚫图 7-1　受损伤的翼子板

任务描述

汽车车身涂装修复工从班组长处领取车辆维修工单，明确汽车漆面驳口修补任务，查阅涂料产品手册及相关设备的使用说明，梳理汽车漆面驳口修补作业流程与规范，按要求做好修补前的准备与检查工作，根据作业流程修补漆面。修补作业完成后进行自检，确认合格后交付班组长复检。

相关知识

1. 驳口修补工艺

驳口修补也称"驳口过渡"或"过渡喷涂",是采用特殊的喷涂方法和技巧,使涂层形成一个渐变的过渡区与周围的漆膜相融合的涂装工艺。

驳口修补的常用手法如下:

(1)挑枪(也称"甩枪"或"飘枪"),是驳口修补中使用最多的方法,即在喷涂时以肘部或腕部为轴,圆弧形摆动喷枪,使喷枪对喷涂表面的喷涂距离和角度发生变化,如图7-2所示。

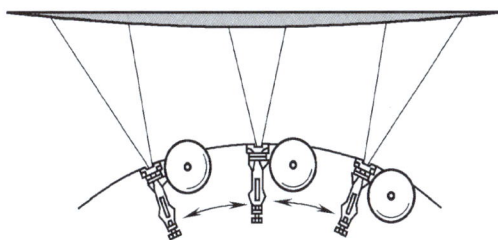

⚡ 图7-2 挑枪手法

(2)根据需要逐步扩大每一次的喷涂行程和范围,即采用许多短的行程,从中心部位逐渐向外扩大喷涂范围。

(3)每次喷涂时适当调整喷枪的气压、喷幅或出漆量,使之逐渐变化。亦可通过扳机灵活控制出漆量变化,配合"挑枪"操作,以达到膜厚渐变和颜色效果渐变的目的。

以上方法可搭配使用,对驳口修补区域的大小一般不做具体的规定,以颜色效果逐渐变化至目测无差异即可。通常颜色调配得越准确,所需的过渡区域范围越小,反之则需较大的过渡区域才能弥补。

2. 驳口修补工艺的优缺点

1)优点

(1)提高颜色的吻合度,减小因色差造成的返工风险。

(2)减少色漆用量,降低材料成本。

(3)提高维修效率,缩短维修时间。

2)缺点

(1)对维修人员的技术要求较高。

(2)适用范围有局限。

3. 驳口修补工艺的类型与差异

驳口修补按照修补方式的不同,可分为板块内修补、板块间修补和点修补3种。

1)板块内修补

板块内修补主要针对位于车身板块中间区域损伤的修复(如前后车门、翼子板中间部位),如图7-3所示。

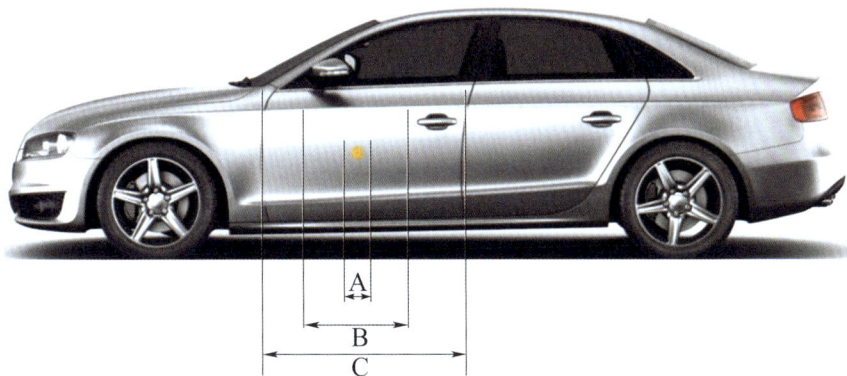

⚡ 图7-3 板块内驳口修补
A-损伤及中涂漆区域;B-底色漆喷涂区域;C-清漆喷涂区域

2)板块间修补

采用板块间修补方法进行修补的损伤往往处于两板或两板以上的接缝处,如图7-4所示。

↑ 图 7-4　板块间驳口修补

A-损伤及中涂漆区域；B-底色漆喷涂区域；C-清漆喷涂区域

3）点修补

点修补主要针对处于车身边角处的小损伤（一般受损面积不超过 5cm²）的修复，如图 7-5 所示。

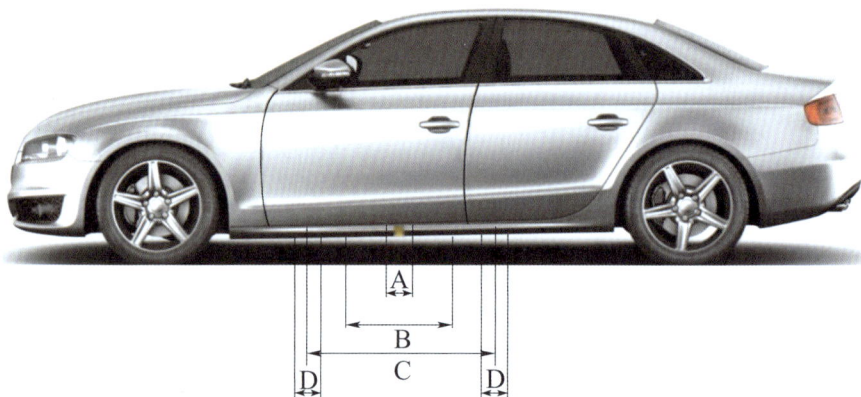

↑ 图 7-5　点修补

A-损伤及中涂漆区域；B-底色漆喷涂区域；C-清漆喷涂区域；D-驳口水喷涂区域

4.驳口修补工艺在车身上的应用

驳口修补的过渡区域采用"挑枪"的手法喷涂，涂料的流平效果要比正常喷涂的效果差一些，因此该工艺一般用于车身立面区域的维修，机盖、车顶等大平面板件不建议采用。各类驳口修补工艺在车身上的应用见表7-1。

驳口修补工艺在车身上的应用　　　　　　　　　　　表 7-1

车身区域	使用建议	可选用的类型
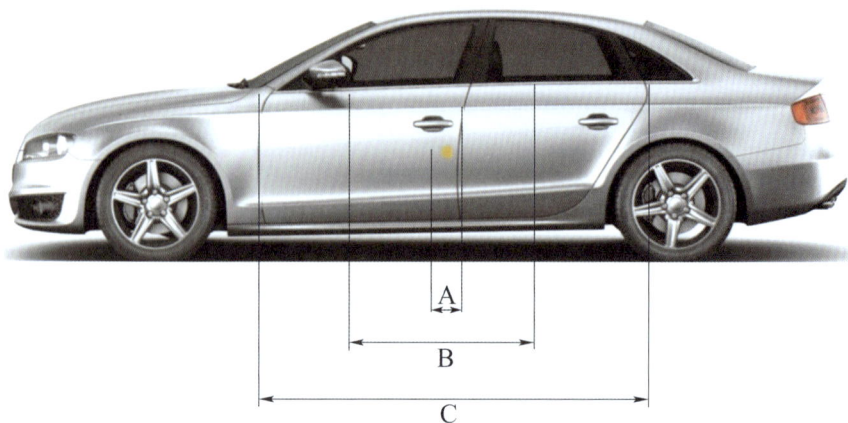		
橙色区域	不建议使用	—

续上表

车身区域	使用建议	可选用的类型
黄色区域	可使用	板块内修补 板块间修补
绿色区域	可使用	板块内修补 板块间修补 点修补

5. 驳口区的研磨方法

不同的驳口修补工艺对驳口区的打磨方法略有不同,具体见表7-2。

不同驳口修补工艺的打磨方法　　　　表7-2

驳口修补工艺	打磨方法	底色漆驳口区打磨方法	清漆(驳口区)打磨方法
板块内修补 板块间修补	机磨	3号打磨机 + P1000 精磨砂棉	3号打磨机 + P1000 精磨砂棉
	手磨	灰色百洁布 + 研磨膏	灰色百洁布 + 研磨膏
		P1000 ~ P1200 水磨砂纸	P1000 ~ P1200 水磨砂纸
点修补	机磨	3号打磨机 + P1000 精磨砂棉	3号打磨机 + P1500 ~ P2000 精磨砂棉
	手磨	灰色百洁布 + 研磨膏	灰色百洁布 + 研磨膏
		P1000 ~ P1500 水磨砂纸	P1500 ~ P2000 水磨砂纸

操作提示:机磨效率远高于手磨,因此尽量选用机磨,不便使用机磨的边角处采用手工打磨

6. 底色漆驳口喷涂的方法

底色漆驳口喷涂的方法多种多样,其根本目的在于颜色过渡得更自然、顺畅,目前常见的方法有以下4种,具体见表7-3。

不同的修补方法及适用情况　　　　表7-3

修补方法		适用情况
方法1	步骤1:使用纯底色漆遮盖中涂漆 步骤2:使用纯底色漆做驳口喷涂	适用于素色或低银粉含量的底色漆
方法2	步骤1:使用纯底色漆遮盖中涂漆 步骤2:使用再次稀释的底色漆(原底色漆中再加入20% ~ 50%的稀释剂)做驳口喷涂	适用于遮盖能力强或高银粉含量的底色漆
方法3	步骤1:使用纯底色漆遮盖中涂漆 步骤2:在底色漆过渡区喷涂驳口树脂(底色漆遮盖区除外) 步骤3:使用再次稀释的底色漆或在底色漆中加入25% ~ 50%驳口树脂做驳口喷涂	适用于易产生"黑边"、"白边"或易发花的底色漆

修补方法		适用情况
方法4	步骤1：使用纯底色漆遮盖中涂漆 步骤2：喷涂"润色层"，一般喷涂1~3层，并逐层扩大 步骤3：使用纯珍珠漆喷涂效果层	适用于三工序珍珠漆
操作提示	1.驳口树脂又称驳口清漆，可使过渡区域的色漆层平滑均匀，降低产生"黑边"、白边"及发花的风险，具体使用方法详见各涂料厂商的使用说明 2."润色层"又称"浑浊层"，即在原纯底色漆中加入50%~90%的珍珠漆。为获得更好的过渡效果，珍珠漆比例可逐层增加	

7. 清漆的喷涂方法

不同的驳口修补工艺中，清漆喷涂的方法也存在一定的差异，其具体操作可参考表7-4。

清漆喷涂的方法及遮蔽要求　　　　　　　　　　表7-4

驳口修补工艺	清漆喷涂方法	遮蔽要求
板块内修补 板块间修补	1.第一道喷涂范围覆盖底色漆并扩大10cm左右 2.第二道整板喷涂	相邻部件做正向遮蔽
点修补	1.第一道喷涂范围覆盖底色漆并扩大10cm左右 2.第二道喷涂范围覆盖上一道清漆并扩大10cm左右。（注意：不得喷涂到遮蔽纸上） 3.第二道清漆喷涂完毕后，不需闪干马上在驳口处喷涂驳口水	在维修部件的狭小面或经线位置（驳口终止点）做反向遮蔽

驳口水：具有较强的溶解力，能溶解新旧漆接口位置较粗糙的油漆颗粒，使新旧漆膜溶为一体。

📖 任务准备

1. 班组分工

□组长　　□安全员　　□操作员　　□质检员　　其他＿＿＿＿＿＿＿＿＿＿

2. 检查场地

□施工区域通风　　□施工区域光线充足　　□气源正常　　□电源正确

□工位场地面积＿＿＿＿＿＿　　现场人数＿＿＿＿＿＿　　工位数＿＿＿＿＿＿

3.设备工具

| □喷枪 | □干磨机 | □涂装工具 | □吹尘枪 |
| □工具车 | 其他_____ | | |

4.安全防护

□喷漆工作服	□工作鞋	□棉纱手套	□耐溶剂手套
□防溶剂面具	□防尘口罩	□护目镜	□耳塞
其他_____			

5.产品耗材

□侵蚀底漆	□环氧底漆及辅料	□原子灰及辅料	□中涂漆及辅料
□色漆及辅料	□清漆及辅料	□打磨指示剂	□P80－P2000 砂纸
□清洁剂	□清洁布	□红/灰白洁布	□粘尘布
□过滤网	其他_____		

🔍 任务实施

以 Aquabase PLUS 系列水性银粉底色漆板块内修补为例(参考视频请扫描二维码)

汽车漆面驳口
修补

步骤一 阅读工单、环车检查

检测项目:

工单车辆信息与车辆是否一致: □是 □否

车损情况是否与工单记录一致: □是 □否

是否能按时完成维修工作: □是 □否

步骤二 涂装前处理

检测项目:

是否能正确区分维修部件的材质: □是 □否

是否能正确完成维修部件表面的清洁: □是 □否

维修部件损伤情况的评估是否正确: □是 □否

能否按标准工艺流程完成羽状边研磨: □是 □否

羽状边是否达到工艺标准: □是 □否

是否正确穿戴个人防护用品: □是 □否

步骤三 原子灰刮涂与整平

检测项目：

是否能正确选用原子灰： ☐是 ☐否

原子灰刮涂与整平步骤是否正确： ☐是 ☐否

原子灰表面是否有缺陷存在： ☐是 ☐否

原子灰平整度是否达到工艺标准： ☐是 ☐否

是否正确穿戴个人防护用品： ☐是 ☐否

步骤四 中涂漆喷涂与打磨

检测项目：

是否能正确选用中涂漆： ☐是 ☐否

中涂漆喷涂与打磨步骤是否正确： ☐是 ☐否

中涂漆表面是否有缺陷存在： ☐是 ☐否

中涂漆打磨是否达到工艺要求： ☐是 ☐否

是否正确穿戴个人防护用品： ☐是 ☐否

操作提示

（1）须根据损伤状况选用合适的驳口修补工艺。

（2）不施工的板件应做好遮蔽，保护漆面。

（3）应根据维修部件材质选用相应的耗材。

（4）步骤2~4的维修应控制范围，过度扩大会导致无法采用驳口修补工艺修复漆面。

（5）应根据面漆的颜色选用合适灰度的中涂漆。

步骤五 驳口区研磨

1.关闭干磨系统的吸尘功能，在需研磨的部位喷上清水

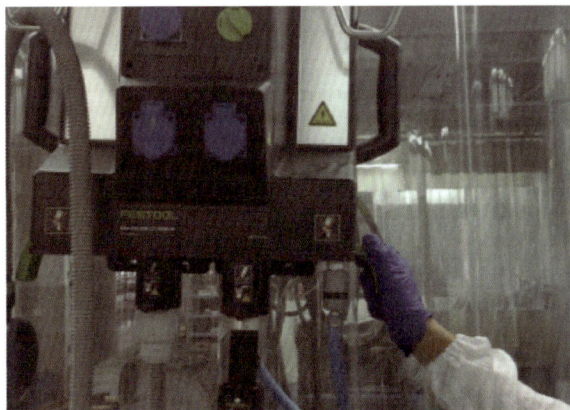

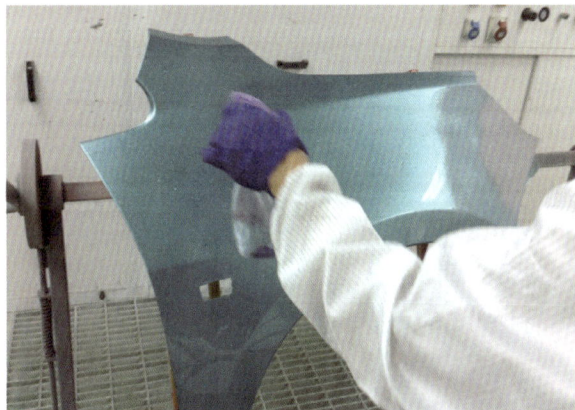

2.选用 3 号打磨机配合 P1000 号精磨砂棉打磨维修部件正面的旧漆层

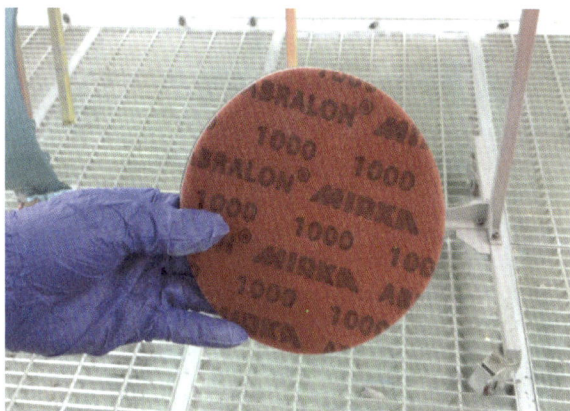

3.取适量水性研磨膏配合灰色百洁布打磨边角处的旧漆层

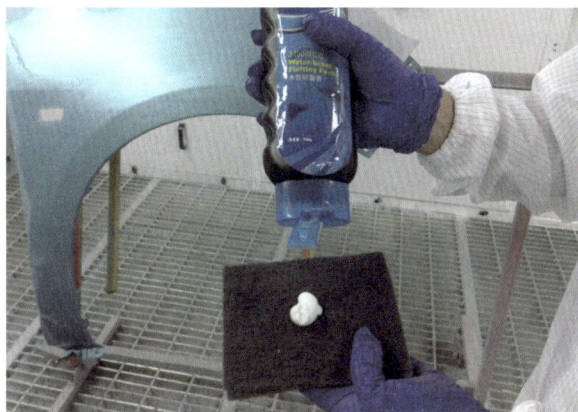

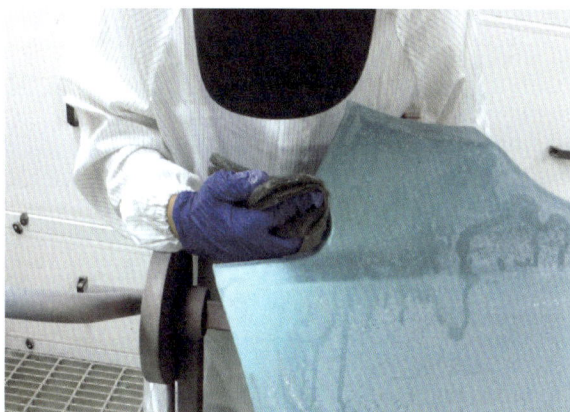

4.用毛巾擦拭干净,检查研磨效果

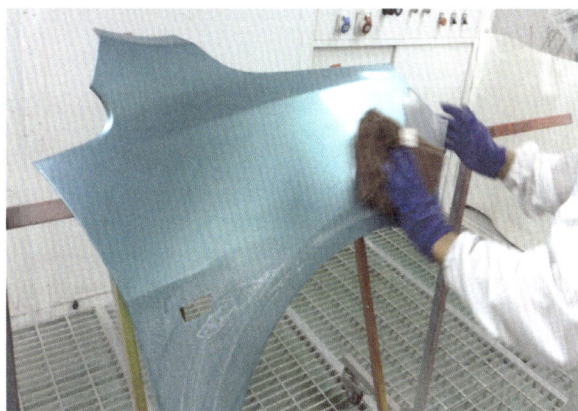

研磨后的漆面应完全达到哑光状态,表面应无橘皮、粗砂痕、污渍、磨穿等缺陷存在。

操作提示

(1)必须关闭干磨设备的吸尘功能,否则会造成吸尘管堵塞,甚至损坏干磨设备。

(2)不得磨穿旧漆层,否则会产生印痕。

(3)检查时应清洁并擦干维修部件,避免遗漏。

(4)对未研磨透彻的部位须再次研磨,以免影响涂膜附着力。

检查结果：

□橘皮　　　□粗砂痕　　　□污渍　　　□磨穿

处理方法：_____

步骤六　**底色漆驳口修补**

1. 先用清洁剂清洁后粘尘

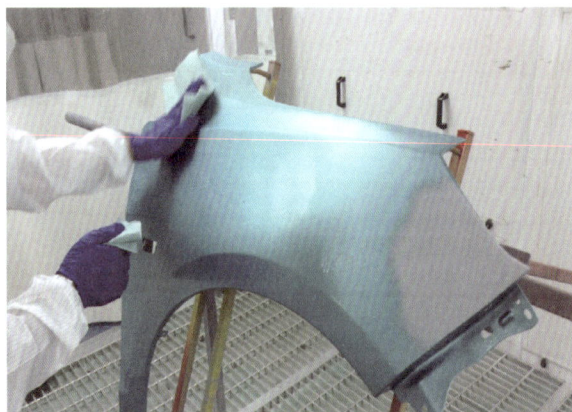

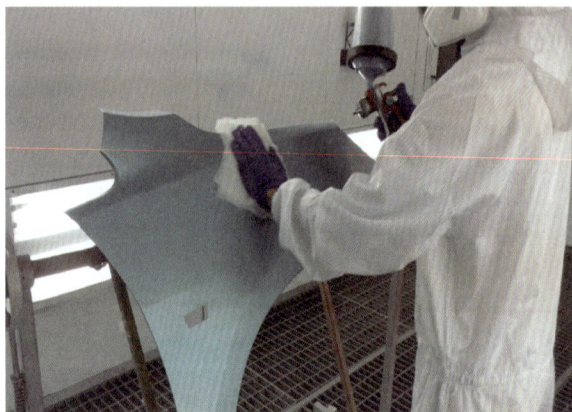

操作提示

（1）按照涂料产品手册选用清洁剂。

（2）若施工所用的涂料为水性涂料，应使用水/油性清洁剂，并注意2种清洁剂的使用顺序。

（3）粘尘时擦拭力度要适当，避免在工件上残留树脂。

2. 喷枪调节

以 SATA jet 4000 B HVLP WSB 喷枪喷涂 Aquabase PLUS 水性底色漆修补为例，参见表7-5。

表 7-5

涂层	出漆量	扇幅	气压
遮盖层	1~1.5 圈	3/4	1.2~1.3bar
效果层	1 圈	全开	1.1~1.2bar

调节参数：

出漆量：_____　　扇幅：_____　　气压：_____

扇幅形状是否正常：　□正常　□不正常

扇幅宽度是否合适：　□合适　□不合适

涂料分布状况：　　　□均匀　□不均匀

雾化状态：　　　　　□良好　□不良

处理方法：_____

操作提示

（1）应根据修补的面积大小、喷枪的类型和涂料产品手册的要求来确定喷枪的调节参数。

（2）喷枪调节时，建议先调节出漆量，再调节喷幅，最后调节气压。

（3）喷枪调节完毕后应做试喷测试，检查漆面是否均匀，雾化是否良好。

3.银粉漆驳口喷涂

以 Aquabase PLUS 系列水性底色漆修补为例，其喷涂方法详见表7-6。

Aquabase PLUS 水性底色漆的喷涂方法   表7-6

喷涂方法	纯底色（除红/黄）		珍珠或银粉		
层数	双层		三层		
方式	第1层	第2层	第1层	第2层	第3层
	半干	半湿	半干	半湿	雾喷
强制干燥	无需干燥	吹干	无需干燥	吹干	吹干

（1）喷涂半干层

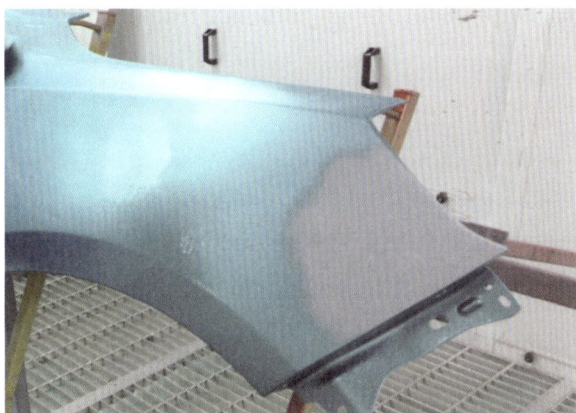
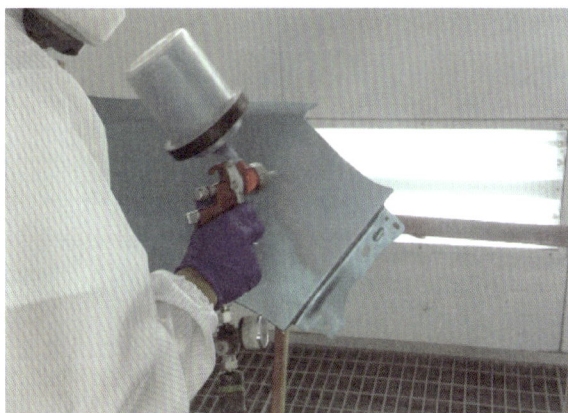

操作提示

半干层只需喷涂中涂漆部位即可。喷涂完毕后，可不闪干，直接喷涂半湿层。

（2）喷涂半湿层，并闪干

操作提示

（1）半湿层喷涂时，色漆遮盖区（P500号砂纸研磨的区域）的漆膜应带一点湿润与整板喷涂一致。

（2）色漆驳口区的漆膜则应逐渐由厚变薄，即采用"挑枪"手法。

（3）半湿层喷涂后应完全遮盖中涂漆，若未达到遮盖要求，可待闪干后再喷涂一道半湿层并扩大10cm左右的喷涂范围。

（3）粘尘去除漆雾，喷涂效果层

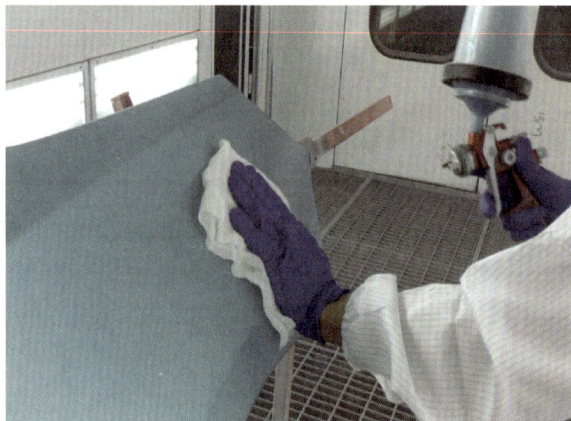

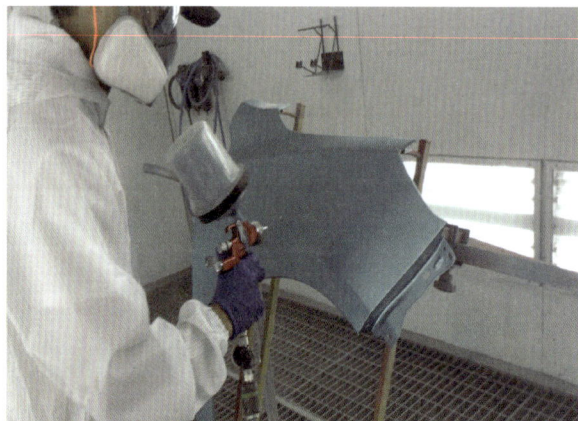

操作提示

（1）粘尘前务必确保底色漆闪干。

（2）只须对底色漆驳口区进行粘尘，粘去漆雾。

（3）效果层喷涂前应按产品手册要求调节喷枪参数。

（4）效果层只需雾喷一单层即可，喷涂范围覆盖前一道底色漆并扩大10cm左右。

（5）底色漆修补后应仔细检查修补质量，若有较明显黑圈，可用P1500号精磨砂棉在"黑边""白边"处轻轻研磨，去除排列不规则的银粉，以提高修补效果。

（6）检查时，确保光线充足，从多个角度观察。

检查项目：

露　　底：	□无	□轻微	□严重	□返工
黑　　圈：	□无	□轻微	□严重	□返工
发　　花：	□无	□轻微	□严重	□返工
颗粒过粗：	□无	□轻微	□严重	□返工

其他缺陷：＿＿＿＿＿＿＿＿＿＿＿＿＿＿＿＿＿＿＿＿＿

处理方法：＿＿＿＿＿＿＿＿＿＿＿＿＿＿＿＿＿＿＿＿＿

步骤七 清漆喷涂

1.粘尘后,在底色漆修补区域处喷涂一道清漆(半湿层)

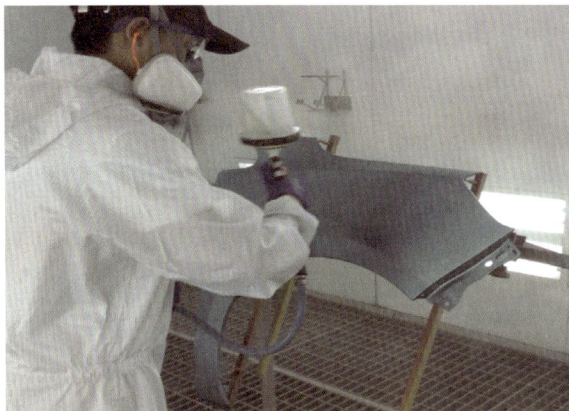

操作提示

(1)粘尘前务必确保底色漆闪干。
(2)只须对底色漆驳口区进行粘尘,粘去漆雾。
(3)清漆须严格参照产品手册要求调配。
(4)喷涂前应正确调节喷枪,并做喷涂测试。
(5)喷涂范围覆盖上一道底色漆并扩大10cm左右。
(6)注意清漆的湿度,并在底色漆驳口的边缘做"挑枪"喷涂。

2.闪干后,再对整板喷涂一道清漆(全湿层)

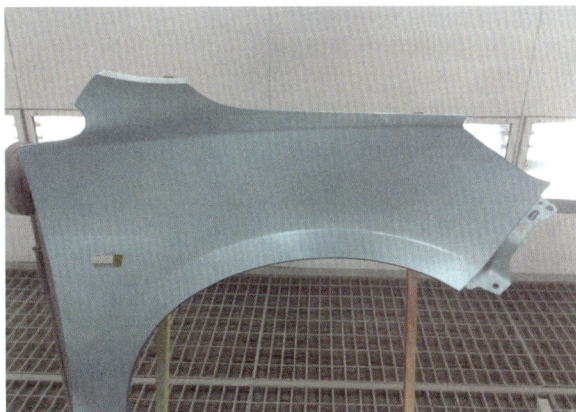

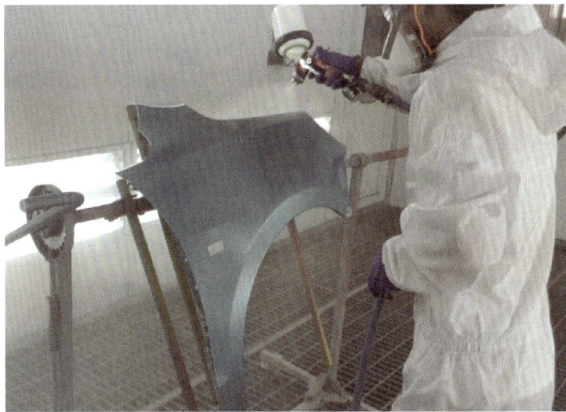

操作提示

(1)喷涂前应确认漆膜的闪干状况。
(2)先喷涂四周,再喷涂正面,并注意清漆的湿度。

步骤八 7S 工作

剩余的耗材应盖紧密封并妥善归置。

涂料是否盖紧密封：	□是	□否	
打磨机是否清洁干净：	□是	□否	
打磨机是否妥善归置：	□是	□否	
砂纸是否妥善归置：	□是	□否	
喷枪是否清洁干净：	□是	□否	

清理场地卫生，按合规的方式及时妥善处理涂装垃圾和废料。

工位是否整理：	□是	□否	
工作台是否清洁：	□是	□否	
垃圾是否处理：	□是	□否	
垃圾处理是否合规：	□是	□否	

📑 任务评价

请根据活动完成情况填写表7-7。

汽车漆面驳口修补评分表   表7-7

学员编号：   学员姓名：   总得分：

考核时间	序号	项目	配分	评分标准	得分
240min	1	清洁	3	整个操作过程中有一次漏做扣3分	
				清洁除油方法不当每次扣1分	
	2	中涂前处理	15	工具、材料选用错误（例如使用红色白洁布、7号打磨机等），扣1分	
				打磨机使用不当，角度大于15°，每发现一次扣1分	
				羽状边研磨不当，如有台阶、旧漆残留等，每项扣2分	
				原子灰刮涂不当，如调配比例不当、厚边、浪费等，每项扣2分	
				原子灰打磨未用指示层扣1分；打磨后平整度差，轻微的扣1~5分，严重扣5~15分	
	3	中涂漆喷涂	4	喷涂前未对工件粘尘扣2分	
				粘尘布使用方法错误，直接用拆封粘尘布对喷涂区域进行粘尘扣1分（未做充分展开动作）	
				中涂漆流挂、遮盖不完全等缺陷，每1cm长度或1cm×1cm大小为一处，每处扣1分	

考核时间	序号	项目	配分	评分标准	得分
240min	4	面漆前处理	6	工具、材料选用错误(例如使用灰色白洁布、3号打磨机等),扣1分	
				研磨不足(橘皮未磨除/发亮)每1cm长度或1cm×1cm大小为一处,每处扣1分	
				裸露金属部位未补喷防锈底漆,每1cm长度或1cm×1cm大小为一处,每处扣1分	
				清漆层磨穿,每1cm长度或1cm×1cm大小为一处,每处扣1分	
	5	面漆喷涂过程	2	色漆或清漆喷涂时层间未闪干,扣1分	
				自身原因造成喷涂过程中研磨及补喷,扣1分	
	6	施工效果	60	底色漆过渡超过要求范围,取消效果分评分资格	
				底色漆效果:露底、起花等缺陷,每5cm×5cm范围或第5cm长度之内为一处,每处扣3分	
				修补效果:过渡痕迹不明显扣1~20;过渡痕迹较明显(可交车)扣20~40;过渡痕迹非常明显(不可交车)取消效果分评分资格	
				底材处理效果:砂纸痕等缺陷,每5cm×5cm大小之内一片,或每5cm长度之内一处,均扣2分	
				清漆效果:清漆漏喷、过薄、橘皮重、流挂等缺陷,在边角或轮眉位置每5cm长为一处,每处扣2分;其他位置以每5cm×5cm范围为一处,每处扣3分	
	7	安全防护	5	整个操作过程中有一项防护用品佩戴错误或未戴,不得分	
	8	7S	5	中间过程中,出现不必要的吹尘,导致灰尘污染,每次扣1分	
				整体操作完毕,打磨机没有清洁去除灰尘扣1分	
				污染打磨机、手刨、红外线烤灯等,每污染一种扣1分	
				砂纸、白洁布等可继续使用耗材未放置于指定回收处位置扣1分	
分数合计			100	总得分	

评估人员姓名：　　　　　　　　　　　　　　　　　　日期：

课后测评题

任务七　汽车漆面驳口修补

一、单项题

1. 维修人员使用一些特殊的喷涂方法和技巧,让颜色逐渐过渡和变化,这种喷涂技术称之为(　　)。

　　A.驳口修补工艺　　B.整板修补工艺　　C.湿碰湿工艺　　D.三工序工艺

2. 驳口修工艺可分为(　　)种类型。

　　A.3　　　　　　　　B.5　　　　　　　　C.7　　　　　　　　D.9

3. 驳口修补工艺不建议使用在哪种板件上(　　)。

　　A.车门　　　　　　B.翼子板　　　　　　C.保险杠　　　　　　D.发动机罩

4. 处于两板接缝处的轻微损伤适用(　　)工艺修复。

　　A.点修补　　　　　B.板块内修补　　　　C.板块间修补　　　　D.多板整喷

5. 位于车身板块中间区域的损伤适用(　　)工艺修复。

　　A.点修补　　　　　B.板块内修补　　　　C.板块间修补　　　　D.单板整喷

6. 板块内修补时,其底色漆的喷涂范围就是(　　)。

　　A.单板内局部驳口修补　　　　　　B.单板整喷

　　C.多板内局部驳口修补　　　　　　D.多板整喷

7. 板块内修补时,其清漆的喷涂范围就是(　　)。

　　A.单板内局部驳口修补　　　　　　B.单板整喷

　　C.多板内局部驳口修补　　　　　　D.多板整喷

8. 板块间修补时,其清漆的喷涂范围就是(　　)。

　　A.单板内局部驳口修补　　　　　　B.单板整喷

　　C.多板内局部驳口修补　　　　　　D.多板整喷

9. 板块间修补时,其底色漆的喷涂范围就是(　　)。

　　A.单板内局部驳口修补　　　　　　B.单板整喷

　　C.多板内局部驳口修补　　　　　　D.多板整喷

10. 点修补时,其清漆的喷涂范围就是(　　)。

　　A.单板内局部驳口修补　　　　　　B.单板整喷

　　C.多板内局部驳口修补　　　　　　D.多板整喷

11. 下列哪种情况适用点修补(　　)。

　　A.车身板块中间区域$5cm^2$左右的损伤

　　B.相邻板件处的损伤

　　C.受损面积在$5cm^2$左右且处于车身水平中线以下区域边角处的损伤

D. 机盖、车顶等大平面板件上的损伤

12. 驳口修补研磨时,P500~P600号的干磨砂纸应扩大至中涂漆周边(   )cm 左右的范围为宜。

    A. 1   B. 5   C. 15   D. 30

13. 驳口区研磨时,应选用(   )号打磨机打磨旧漆层。

    A. 3   B. 5   C. 7   D. 9

14. 板块内修补,底色漆驳口区不能使用的打磨材料是(   )。

    A. P1000号精磨砂棉   B. 灰色百洁布

    C. P1200水磨砂纸   D. P500号砂纸

15. 点修补,清漆驳口区可使用的打磨材料是(   )。

    A. P1500号精磨砂棉   B. P800号砂纸

    C. P600号砂纸   D. P400号砂纸

16. 使用精磨砂棉打磨驳口区时,应在打磨面喷上(   )。

    A. 除油剂   B. 稀释剂

    C. 清水   D. 驳口树脂

17. 使用"润色层"的喷涂工艺适用于哪类面漆的修补。

    A. 三工序珍珠漆   B. 高银粉含量的底色漆

    C. 素色漆   D. 低银粉含量的底色漆

18. 下列面漆中,修补难度最低的是哪种。

    A. 三工序珍珠漆   B. 高银粉含量的底色漆

    C. 素色漆   D. 低银粉含量的底色漆

19. 使用单纯的底色漆做驳口喷涂的工艺适用于哪类面漆。

    A. 三工序珍珠漆   B. 高银粉含量的底色漆

    C. 素色漆   D. 低银粉含量的底色漆

20. "润色层"是在原底色漆中加入(   )%的珍珠漆。

    A. 5~9   B. 15~25   C. 30~40   D. 50~90

21. 易产生"黑边""白边"或发花的底色漆在驳口喷涂时,可先在过渡区域预喷一层(   )。

    A. 稀释剂   B. 底色漆   C. 清水   D. 驳口树脂

22. 底色漆修补后若有较明显黑圈,可用(   )打磨黑圈处,去除排列不规则的银粉,以提高修补效果。

    A. P1500号精磨砂棉   B. P800号砂纸

    C. P600号砂纸   D. P400号砂纸

二、判断题

1. 新喷的涂层与旧涂层的颜色很容易存在差异。   (   )

2. 色差缺陷会导致维修返工,造成经济损失并影响客户满意度。   (   )

3. "汽车漆面驳口修补工艺"是指维修人员使用一些特殊的喷涂方法和技巧,让颜色逐渐过渡和变化,使修补部位与其周围未修补部位的颜色在视觉上无明显差异。　　　（　　）

4. 高银粉含量的金属漆和三工序珍珠漆最不容易产生色差。　　　（　　）

5. 选用合适的汽车漆面驳口修补工艺既能减少因色差而导致返工,又可以降低维修成本,提高维修效率。　　　（　　）

6. 驳口修补也称"驳口过渡""驳口喷涂"或"过渡喷涂"。　　　（　　）

7. 喷枪压力和出漆量变化是影响颜色效果的重要因素,因此,驳口过渡喷涂时应提高喷涂压力及增加喷涂厚度。　　　（　　）

8. 通过扳机灵活控制出漆量变化,配合"挑枪"操作逐层扩大喷涂范围,即可达到膜厚渐变和颜色效果渐变的目的。　　　（　　）

9. 通常颜色配方越准确,所需的过渡喷涂范围越大,反之则需较小的过渡区域才能弥补色差。　　　（　　）

10. 驳口修补时,喷枪应始终与被涂物表面成90度垂直。　　　（　　）

11. 驳口修补的主要目的是使漆膜厚度逐渐发生变化,最终使颜色形成一个逐渐变化的过渡区。　　　（　　）

12. 挑枪是指在喷涂时以肘部或腕部为轴,圆弧形摆动喷枪,使喷枪对喷涂表面的喷涂距离和角度发生变化。　　　（　　）

13. 驳口修补工艺的适用范围受限,一般只适用在车身立面损伤的维修。　　　（　　）

14. 点修补时,其底色漆驳口应扩大至相邻板件,终止位置以获得一致的颜色效果为宜。　　　（　　）

15. 驳口区内的旧涂层应达到全完哑光的状态,且表面无橘皮、粗砂痕、磨穿等缺陷。　　　（　　）

16. 驳口区研磨后,应多角度查看漆面状况,确保漆面无橘皮、粗砂痕。　　　（　　）

17. 点修补的驳口终止点应设置在维修部件的狭小面或经线位置。　　　（　　）

18. 驳口树脂又称驳口清漆,可使过渡区域的色漆层平滑均匀,降低产生"黑边""白边"及发花的风险。　　　（　　）

19. "润色层"又称"浑浊层",即在原纯底色漆中加入50%～90%的珍珠漆。　　　（　　）

20. 若施工所用的涂料为水性涂料,应先使用水性清洁剂,再使用油性清洁剂。　　　（　　）

21. 在驳口修补时,应根据修补的面积大小、喷枪的类型和涂料产品手册的要求来确定喷枪的调节参数。　　　（　　）

22. 色漆驳口区的漆膜应逐渐由厚变薄,即采用"挑枪"手法。　　　（　　）

23. 底色漆修补后应仔细检查修补质量,若有较明显黑圈,可用P1500号精磨砂棉在黑圈处轻轻研磨,去除排列不规则的银粉,以提高修补效果。　　　（　　）

24. 效果层只需湿喷一单层即可,喷涂范围覆盖前一道底色漆并扩大10cm左右。　　　（　　）

25. 点修补喷涂时应选用正向遮蔽保护。　　　（　　）

26. 点修补时,在第二道清漆喷涂完毕后应马上在驳口处喷涂驳口水。　　　（　　）

27.驳口水具有较强的溶解力,能溶解新旧漆接口位置较粗糙的油漆颗粒,使新旧漆膜溶为一体。 （　　）

28.将驳口边缘喷涂为"／"形、"＜"形,可最大限度隐藏驳口。 （　　）

29.使用驳口树脂的工艺,应待驳口树脂干燥后再喷涂驳口。 （　　）

30.半干层只需喷涂中涂漆部位即可。喷涂完毕后,不需闪干直接喷涂半湿层。（　　）

31.半湿层喷涂后应完全遮盖中涂漆,若未达到遮盖要求,无需闪干直接再喷涂一道半湿层并扩大10cm左右的喷涂范围。 （　　）

本教材配套数字资源列表

序号	资源名称	资源类型	所在页码
1	涂装前处理	视频	7
2	原子灰刮涂与整平	视频	29
3	中涂漆喷涂与打磨	视频	52
4	面漆喷涂	视频	69
5	漆面质检与抛光	视频	93
6	面漆调色	视频	114
7	汽车漆面驳口修补	视频	135

参 考 文 献

［1］何扬.汽车涂装工艺［M］.北京：人民邮电出版社,2021.

［2］李扬.汽车涂装技术［M］.3 版.北京：人民交通出版社股份有限公司,2021.

［3］王建.汽车涂装技术［M］.北京：机械工业出版社,2018.

［4］陈昭仁,黄健铭.汽车涂装基础［M］.上海：华东师范大学出版社,2019.

［5］林旭翔.车身涂装指南［M］.北京：人民交通出版社股份有限公司,2016.